향리 강진의 집 뜰에서 가족들과 함께 기념촬영한 김영랑.

金永郎

한국현대시인연구·3

金永郎

김영랑 연구·김영랑 전집

문학세계사

1. 金永郎 詩集

☐ 제1부(1930~1935년)

동백닢에 빗나는 마음 · 11/어덕에 바로누어 · 12/누이의 마음아 나를보아라 · 13/除夜 · 14/쓸쓸한 뫼아페 · 15/원망 · 16/내마음 고요히 고흔봄 길우에 · 17/꿈바테 봄마음 · 18/가늘한 내음 · 19/하날갓 다은데 · 20/내마음을 아실이 · 21/시내ㅅ물 소리 · 22/뉘 눈결에 쏘이엿소 · 23/눈물에 실려가면 · 24/그대는 호령도 하실만하다 · 25/아퍼누어 혼자 비노라 · 26/물보면 흐르고 · 27/降仙臺 돌바늘끝에 · 28/사개틀린 古風의 퇴마루에 · 29/佛地菴抒情 · 30/모란이 피기까지는 · 31/杜鵑 · 32/淸明 · 34/황홀한 달빛 · 36/마당앞 맑은새암을 · 38/四行小曲 · 39

☐ 제2부(1938~1940년)

거문고 · 48/가야금 · 49/달마지 · 50/연(Ⅰ) · 51/五月 · 52/毒을 차고 · 53/墓碑銘 · 54/한줌흙 · 55/江물 · 56/偶感 · 57/호젓한 노래 · 58/春香 · 59/집 · 62

☐ 제3부(1947~1950년)

북 · 64/바다로 가자 · 65/놓인 마음 · 67/絶望 · 68/새벽의 處刑場 · 70/겨레의 새해 · 71/연(Ⅱ) · 72/발짓 · 73/忘却 · 74/感激 八 · 一五 · 76/五月아츰 · 78/行軍 ·

＊차 례

80/수풀 아래 작은 샘・81/언—땅 한길・82/池畔追憶
・83/千里를 올라 온다・84/어느날 어느때고・86/琴湖
江・88/五月恨・90

☐ 제4부(譯詩)
하늘의 옷감・91/이니스프리・92/나치 反抗의 노래(屠
殺者의 軍隊를 떠나라・93/히틀러에 對하는 독일 병사・94/병사들
이여 이제는 아무 희망도 없다・96)

2. 金永郎 散文集

감나무에 단풍 드는 全南의 9월 ──── 101
杜鵑과 종다리 ──── 107
春 雪 南方春信・1 ──── 112
春 水 南方春信・2 ──── 115
春 心 南方春信・3 ──── 118
垂 楊 南方春信・4 ──── 121
朴龍喆과 나
  1. 朴龍喆 全集 1권 後記 ──── 124
  2. 朴龍喆 全集 2권 後記 ──── 128
人間 朴龍喆 ──── 132
文學이 副業이라던 朴龍喆 兄 故人新情 ──── 140

出版文化 育成의 構想
  1. 序論 ——— 143
  2. 해방과 出版界 ——— 144
  3. 現下 출판계의 고찰 ——— 145
  4. 정부 수립 후의 상황 ——— 147
  5. 출판 문화에 대한 유의점 ——— 149
熱望의 獨立과 冷徹한 現實
  삼천만은 反託 一貫으로 단결하자 ——— 151
新人에 對하여 ——— 154
制服 없는 大學生 ——— 159
避暑地 巡禮 設問答〔名士推薦〕——— 160
芝溶 兄 ——— 161

3. 金永郎 評傳 金澤東

□ 金永郎 評傳・一代記
永郎의 詩歷餘話
1. 잠방거리는 多島海 연안 ——— 165
2. 두 무명 시인과 《詩文學》의 出帆 ——— 171
3. 亡國民의 비애와 좌절감 ——— 177
4. 8・15해방의 감격과 6・25전란의 참화 ——— 180

□ 金永郞 評傳・作品世界
情感的 究竟과 자아의 확충
1. 緒 論 ──── 187
2. 燭氣와 情感的 究竟 ──── 190
3. 삶의 懷疑와 自我의 확충 ──── 211
4. 結 語 ──── 235

□ 金永郞 評傳・詩壇活動
永郞의 詩壇活動
1. 永郞詩集의 편성 경위 ──── 237
2. 《詩文學》과 永郞의 관계 ──── 239
3. 永郞의 후기 詩 ──── 242

4. 金永郞 硏究資料集

永郞과 그의 詩/鄭芝溶 ──── 255
□ 金永郞 詩 改作 對照表 ──── 266
□ 金永郞 年譜 ──── 272
□ 金永郞 作品 年譜 ──── 275
□ 金永郞 硏究資料 總目錄 ──── 279

1

金永郎 詩集

모란이 피기까지는
나는 아즉 나의봄을 기둘리고 잇슬테요
모란이 뚝뚝 떠러져버린날
나는 비로소 봄을여흰 서름에 잠길테요
五月 어느날 그하로 무덥든날
떠러져누은 꼿닙마져 시드러버리고는
천지에 모란은 자최도 업서지고
뻐처오르든 내보람 서운케 문허졌느니
모란이 지고말면 그뿐 내 한해는 다 가고말아
三百예순날 하냥 섭섭해 우옵내다
모란이 피기까지는
나는 아즉 기둘리고잇슬테요 찰란한슬픔의 봄을
──「모란이 피기까지는」

□ 제1부(1930~1935년)

동백닙에 빗나는 마음

내마음의 어뒨듯 한편에 끗업는
　강물이 흐르네
도처오르는 아츰날빗이 빤질한
　은결을 도도네
가슴엔듯 눈엔듯 또 피ㅅ줄엔듯
마음이 도른도른 숨어잇는곳
내마음의 어뒨듯 한편에 끗업는
　강물이 흐르네

어덕에 바로누어

어덕에 바로누어
아슬한 푸른하날 뜻업시 바래다가
나는 이젓습네 눈물도는 노래를
그하날 아슬하야 너무도 아슬하야

이몸이 서러운줄 어덕이야 아시련만
마음의 가는우슴 한때라도 업드라냐
아슬한 하날아래 귀여운맘 질기운맘
내눈은 감기엿대 감기엿대

누이의 마음아 나를보아라

「오—매 단풍들것네」
장광에 골붉은 감닙 날러오아
누이는 놀란듯이 치어다보며
「오—매 단풍들것네」

추석이 내일모레 기둘니리
바람이 자지어서 걱정이리
누이의 마음아 나를보아라
「오—매 단풍들것네」

除 夜

제운밤 촛불이 찌르르 녹어버린다
못견듸게 묵어운 어느별이 떠러지는가

어둑한 골목골목에 수심은 떳다 가란젓다
제운맘 이한밤이 모질기도 하온가

히부얀 조히등불 수집은 거름거리
샘물 졍히 떠붓는 안쓰러운 마음결

한해라 기리운정을 몯고싸어 힌그릇에
그대는 이밤이라 맑으라 비사이다

쓸쓸한 뫼아페

쓸쓸한 뫼아페 후젓이 안즈면
마음은 갈안즌 양금줄 가치
무덤의 잔듸에 얼골을 부비면
넉시는 향맑은 구슬손 가치
　산골로 가노라 산골로 가노라
　무덤이 그리워 산골로 가노라

원 망

「바람이 부는대로 차자가오리」
홀린듯 긔약하신 님이시기로
행여나! 행여나! 귀를종금이
어리석다 하심은 너무로구려

문풍지 서름에 몸이 저리어
내리는 한박눈 가슴 해여저
헛보람! 헛보람! 몰랏스료만
날다려 어리석단 너무로구려

내마음 고요히 고흔봄 길우에

돌담에 소색이는 햇발가치
풀아래 우슴짓는 샘물가치
내마음 고요히 고흔봄 길우에
오날하로 하날을 우러르고십다

새악시볼에 떠오는 붓그럼가치
詩의가슴을 살프시 젓는 물결가치
보드레한 에메랄드 얄게 흐르는
실비단 하날을 바라보고십다

꿈바테 봄마음

구비진 돌담을 도라서 도라서
달이 흐른다 놀이 흐른다
하이얀 그림자
은실을 즈르르 모라서
꿈밭에 봄마음 가고가고 또간다

가늘한 내음

내가슴속에 가늘한 내음
애끈히 떠도는 내음
저녁해 고요히 지는제
머ー니山 허리에 슬리는 보랏빛

오! 그수심뜬 보랏빛
내가 일혼 마음의 그림자
한이틀 정녘에 뚝뚝 떠러진 모란의
깃든 향취가 이가슴노코 갓슬줄이야

얼결에 여흰봄 흐르는 마음
헛되히 차즈랴 허덕이는날
뻘우에 철석 개人물이 노이듯
얼컥 니ー는 훗근한 내음

아! 훗근한 내음 내키다마는
서어한 가슴에 그늘이 도나니
수심뜨고 애끈하고 고요하기
山허리에 슬니는 저녁 보랏빛

하날갓 다은데

내옛날 온꿈이 모조리 실리어간
하날갓 닷는데 깃븜이 사신가

고요히 사라지는 구름을 바래자
헛되나 마음가는 그곳 뿐이라

눈물을 삼키며 깃븜을 찾노란다
허공은 저리도 한업시 푸르름을

업듸여 눈물로 따우에 색이자
하날갓 닷는데 깃븜이 사신다

내마음을 아실이

내마음을 아실이
내혼자ㅅ마음 날가치 아실이
그래도 어데나 게실것이면

내마음에 때때로 어리우는 티끌과
속임업는 눈물의 간곡한 방울방울
푸른밤 고히맺는 이슬가튼 보람을
보밴듯 감추엇다 내여드리지

아! 그립다
내 혼자ㅅ마음 날가치 아실이
꿈에나 아득히 보이는가

향맑은 옥돌에 불이달어
사랑은 타기도 하오련만
불빛에 연긴듯 희미론 마음은
사랑도 모르리 내혼자ㅅ마음은

시내ㅅ물 소리

바람따라 가지오고 머러지는 물소리
아조 바람가치 쉬는적도 잇섯스면
흐름도 가득찰랑 흐르다가
더러는 그림가치 머물럿다 홀러보지
밤도 山골 쓸쓸하이 이한밤 쉬여가지
어느뉘 꿈에든셈 소리업든 못할소냐

새벽 잠ㅅ결에 언듯 들리여
내 무건머리 선듯 싯기우느니
황금소반에 구슬이 굴럿다
오 그립고 향미론 소리야
물아 거기좀 멈췻스라 나는 그윽히
저창공의 銀河萬年을 헤아려보노니

뉘 눈결에 쏘이엿소

뉘 눈결에 쏘이엿소
왼통 수집어진 저 하날빛
담안에 복숭아꽃이 붉고
밧게 봄은 벌서 재앙스럽소

꾀꼬리 단두리 단두리 로다
빈 골ㅅ작도 붓그려워
홀란스런 노래로 힌구름 피여올리나
가슴에 든 꿈이 더 재잉스립소

눈물에 실려가면

눈물에 실려가면 山길로 七十里
도라보니 찬바람 무덤에 몰리네
서울이 千里로다 멀기도 하련만
눈물에 실려가면 한거름 한거름

뱃장우에 부은발 쉬일가보다
달빗으로 눈물을 말릴가보다
고요한 바다우로 노래가 떠간다
서름도 붓그려워 노래가 노래가

그대는 호령도 하실만하다

창랑에 잠방거리는 섬들을길러
그대는 탈도업시 태연스럽다

마을을 휩쓸고 목숨 아서간
간밤 풍랑도 가소롭구나

아츰날빛에 돗 노피 달고
청산아 봐란듯 떠나가는 배

바람은 차고 물결은 치고
그대는 호령도 하실만하다

아퍼누어 혼자 비노라

아퍼누어 혼자 비노라
이대로 가진 못하느냐

비는마음 그래도 거짓잇나
사잔욕심 차저도 보나
새삼스레 잇슬리 업다
힘없고 느릿한 피스줄하나

오! 그져 이슬가치
예사 고요히 지렴으나
저긔 은행닙은 떠나른다

물보면 흐르고

물보면 흐르고
별보면 또렷한
마음이 어이면 늙으뇨

힌날에 한숨만
끝업시 떠돌든
시절이 가엽고 멀어라

안쓰런 눈물에읺꺼
흐트닙 싸힌곳에 빗방울드듯
늣김은 후줄근히 흘러흘러가것만

그밤을 홀히안즈면
무심코 야윈볼도 만저보느니
시들고 못피인꽃 어서떠러지거라

降仙臺 돌바늘끝에

降仙臺 돌바늘끝에
하잔한 인간 하나
그는 버—ㄹ서
불타오르는 湖水에 뛰여내려서
제몸 살윗드리면 조핫슬 인간

이제 몇해뇨
그황홀 맛나도 이몸선듯 못내던지고
그찰란 보고도 노래는영영 못부른채

저저드는 물결과 싸우다 넘기고
시달린 마음이라 더러 눈물 매졌네
降仙臺 돌바늘끝에 벌서
불살읏서야 조핫슬 인간

사개틀닌 古風의 퇴마루에

사개틀닌 古風의퇴마루에 업는듯이안져
아즉 떠오를긔척도 업는달을 기둘린다
아모런 생각업시
아모런 뜻업시

이제 저 감나무 그림자가
삿분 한치식 올마오고
이 마루우에 빗갈의방석이
보시시 깔니우면

나는 내하나인 외론벗
간열푼 내그림자와
말업시 몸짓업시 서로맛대고 잇스려니
이밤 옴기는 발짓이나 들려오리라

佛地菴抒情

그밤 가득한 山정기는 기척업시소슨 하얀달빛에 모다쓸리우고
한낮을 향미로우라 울리든 시내ㅅ물소리 마저 멀고그윽하야
衆香의 맑은돌에 맺은 금이슬 구을러흐르듯
아담한 꿈하나 여승의 호젓한품을 애끈히 사라젓느니

千年옛날 쫓기여간 新羅의아들이냐 그빛은 청초한 수미山나리꽃
정녕 지름길 섯드른 힌옷입은 고흔少年이
흡사 그바다에서 이바다로 고요히 떠러지는 별ㅅ살가치
옆山모롱이에 언듯 나타나 앞골시내로 삽분 사라지심

승은 아까워 못견듸는양 희미해지는 꿈만 뒤조찻스나
끝업는지라 돌여 밝는날의 남모를 귀한보람을 품엇슬뿐
톳기라 사슴만 뛰여보여도 반듯이 그려지는사나이 지낫섯느니

고흔輦의 거동이 잇슴즉한 맑고트인날 해는기우는제
승의보람은 이루웟느냐 가엽서라 미목청수한 젊은선비
앞시내ㅅ물 모히는 새파란 쏘에 몸을 던지시니라

    ＊佛地菴은 內金剛 幽寂한 곳에 허물어져 가는 古刹.
     두 젊은 승이 그의 스님을 모시고 있다.

모란이 피기까지는

모란이 피기까지는
나는 아즉 나의봄을 기둘리고 잇슬테요
모란이 뚝뚝 떠러져버린날
나는 비로소 봄을여흰 서름에 잠길테요
五月 어느날 그하로 무덥든날
떠러져누은 꽃닙마져 시드러버리고는
천지에 모란은 자최도 업서지고
뻐처오르든 내보람 서운케 문허졌느니
모란이 지고말면 그뿐 내 한해는 다 가고말아
三百예순날 하냥 섭섭해 우옵내다
모란이 피기까지는
나는 아즉 기둘리고잇슬테요 찰란한슬픔의 봄을

杜 鵑

울어 피를뱉고 뱉은피는 도루삼켜
평생을 원한과슬픔에 지친 적은새
너는 너룬세상에 서름을 피로 색이려오고
네눈물은 數千세월을 끈임업시 흐려노앗다
여기는 먼 南쪽땅 너쪼껴숨음직한 외딴곳
달빛 너무도 황홀하야 후젓한 이 새벽을
송긔한 네우름 千길바다밑 고기를 놀내고
하날ㅅ가 어린별들 버르르 떨니겟고나

몇해라 이三更에 빙빙 도—는 눈물을
숫지는못하고 고힌그대로 홀니웠느니
서럽고 외롭고 여윈 이몸은
퍼붓는 네 술ㅅ잔에 그만 지눌겻느니
무섬ㅅ정 드는 이새벽 가지울니는 저승의노래
저긔 城밑을 도라나가는 죽엄의 자랑찬소리여
달빛 오히려 마음어둘 저 흰등 흐늣겨가신다
오래 시들어 팔히한마음 마조 가고지워라

비탄의녁시 붉은마음만 낯낯 시들피느니
지튼봄 옥속 春香이 아니 죽엿슬나듸야
옛날 王宮을 나신 나히어린 임금이

산ㅅ골에 홀히 우시다 너를 따라가셧드라니
古今島 마조보이는 南쪽바다ㅅ가 한만흔 귀향길
千里망아지 얼녕소리 쇈듯 멈추고
선비 여윈얼골 푸른물에 띄윗슬제
네 恨된우름 죽엄을 호려 불럿스리라

너 아니울어도 이세상 서럽고 쓰린것을
이른봄 수풀이 초록빛드러 물내음새 그윽하고
가는 대닢에 초생달 매달려 애틋한 밝은어둠을
너 몹시 안타가워 포실거리며 훗훗 목메엿느니
아니울고는 하마 죽어업스리 오! 不幸의넉시여
우지진 진달내 와직지우는 이三更의 네 우름
희미한 줄山이 살풋 물러서고
조고만 시골이 훙청 깨여진다

淸 明

호르 호르르 호르르르 가을아참
취여진 청명을 마시며 거닐면
수풀이 호르르 버레가 호르르르
청명은 내머리속 가슴속을 저져들어
발끝 손끝으로 새여나가나니

온살결 터럭끗은 모다 눈이요 입이라
나는 수풀의 정을 알수잇고
버레의 예지를 알수잇다
그리하야 나도 이아참 청명의
가장 고읍지못한 노래ㅅ군이 된다

수풀과버레는 자고깨인 어린애
밤새여 빨고도 이슬은 남엇다
남엇거든 나를 주라
나는 이청명에도 주리나니
방에 문을달고 벽을향해 숨쉬지안엇느뇨

해ㅅ발이 처음 쏘다오아
청명은 갑작히 으리으리한 冠을 쓴다
그때에 토록 하고 동백한알은 빠지나니

오! 그빛남 그고요함
간밤에 하날을 쫓긴 별쌀의흐름이 저러햇다

왼소리의 앞소리오
왼빛갈의 비롯이라
이청명에 포근 취여진 내마음
감각의 낯닉은 고향을 차젓노라
평생 못떠날 내집을 드럿노라

황홀한 달빛

황홀한 달빛
바다는 銀장
천지는 꿈인양
이리 고요하다

불르면 내려올듯
정뜬 달은
맑고 은은한노래
울려날듯

저 銀장우에
떠러진단들
달이야 설마
깨여질나고

떠러져보라
저달 어서 떠러저라
그홀란스럽
아름다운 턴동 지동

후젓한 三更

산우에 홀히
꿈꾸는 바다
깨울수 없다

마당앞 맑은새암을

마당앞
맑은새암을 드려다본다

저 깁흔 땅밑에
사로잡힌 넉 잇서
언제나 머ㄴ 하날만
내여다보고 계심 가터

별이 총총한
맑은새암을 드려다본다

저 깁흔 땅속에
편히누은 넉 잇서
이밤 그눈 반작이고
그의것몸 부르심 가터

마당앞
맑은새암은 내령혼의얼골

四行小曲

　　　　1

뵈지도 안는 입김의 가는실마리
새파란 하날끝에 오름과 가치
대숲의 숨은마음 기혀 차즈려
삷은 오로지 바늘끝 가치

　　　　2

님두시고 가는길의 애끈한 마음이여
한숨쉬면 꺼질듯한 조매로운 꿈길이여
이밤은 캄캄한 어느뉘 시골인가
이슬가치 고힌눈물을 손끗으로 깨치나니

　　　　3

문허진 성터에 바람이 세나니
가을은 쓸쓸한 맛 뿐이구려
히끝히끝 산국화 나붓기면서

가을은 애닲다 소색이느뇨

4

저녁때 저녁때 외로운 마음
붓잡지 못하야 거러다님을
누구라 부러주신 바람이기로
눈물을 눈물을 빼아서가오

5

풀우에 매져지는 이슬을 본다
눈섭에 아롱지는 눈물을 본다
풀우엔 정긔가 꿈가치 오르고
가삼은 간곡히 입을 버린다

6

푸른향물 흘러버린 어덕우에
내마음 하루사리 나래로다
보실보실 가을눈(眼)이 그나래를 치며
허공의 소색임을 드르라 한다

7

좁은길가에 무덤이 하나
이슬에 저지우며 밤을 새인다
나는 사라져 저별이 되오리
뫼아래 누어서 희미한 별을

8

허리띄 매는 시악시 마음실가치
꽃가지에 으는한 그늘이 지면
힌날의 내가슴 아즈랑이 낀다
힌날의 내가슴 아즈랑이 낀다

9

못오실 님이 그리웁기로
흐터진 꽃닢이 슬프렛든가
뷘손 쥐고 오신봄이 거저나 가시련만
흘러가는 눈물이면 님의마음 저지련만

10

다정히도 부러오는 바람이길내

내숨결 가부엽게 실어보냇지
하날갓을 스치고 휘도는 바람
어이면 한숨만 모라다 주오

　　　　11

향내 업다고 버리실나면
내목숨 꺽지나 마르시오
외로운 들꼿은 들가에 시들어
철업는 그이의 발끝에 조을걸

　　　　12

어덕에 누어 바다를 보면
빗나는 잔물결 헤일수 업지만
눈만 감으면 떠오는 얼골
뵈올적마다 꼭 한분이구려

　　　　13

밤ㅅ사람 그립고야
말업시 거러가는 밤ㅅ사람 그립고야
보름넘은 달그리매 마음아이 서어로아
오랜밤을 나도혼자 밤ㅅ사람 그립고야

14

눈물속 빛나는보람과 우슴속 어둔슬픔은
오직 가을 하날에 떠도는 구름
다만 후젓하고 줄대업는마음만 예나이제나
외론밤 바람숫긴 찬별을 보랏습니다

15

뷘 포케트에 손찌르고 폴·예를레—느 찾는날
왼몸은 흐렁흐렁 눈물도 찟금 나누나
오! 비가 이리 쭐쭐쭐 나리는 날은
서른소리 한구마대 썻스면 시퍼라

16

바람에 나붓기는 깔닙
여울에 희롱하는 깔닙
알만 모를만 숨쉬고 눈물매즌
내 청춘의 어느날 서러운 손ㅅ짓이여

17

뻘은 가슴을 훤히 벗고

개풀 수집어 고개숙이네
한낮에 배란놈이 저가슴 만젓고나
뻘건 맨발로는 나도작고 간지럽고나

      18

그밧게 더아실이 안게실거나
그이의 저진옷깃 눈물이라고
빛나는 별아래 애닯은 입김이
이슬로 매치고 매치엿슴을

      19

밤이면 고층아래 고개 숙이고
낮이면 하날보고 우슴 좀 웃고
너룬 들 쓸쓸하야 외론 할미꽃
아모도 몰래 지는 새벽 지친별

      20

저 곡조만 마조 호동글 사라지면
목속의 구슬을 물속에 버리려니
해와가치 떳다지는 구름속 종달은
내일 또 새론 섬 새구슬 먹음고오리

21

산ㅅ골을 노리터로 커난시악시
가슴속은 구슬가치 맑으련마는
바라뵈는 먼곳이 그리움인지
동우인채 山길에 섯기도하네

22

사랑은 기프기 푸른하날
맹세는 가볍기 힌구름쪽
그구름 사라진다 서럽지는 안으나
그하날 큰조화 못믿지는 안으나

23

빠른 철로에 조는 손님아
이시골 이덩거장 행여 이즐나
한가하고 그립고 쓸쓸한 시골사람의
드나드는 이덩거장 행여 이즐나

24

숩향긔 숨길을 가로막엇소

발끝에 구슬이 깨이여지고
달따라 들길을 거러다니다
하룻밤 여름을 새워버렷소

　　　　25

그색시 서럽다 그얼골 그동자가
가을하날가에 도는 바람숫긴 구름조각
핼슥하고 서느라워 어대로 떠갓스랴
그색시 서럽다 옛날의 옛날의

　　　　26

떠날러가는 마음의 포렴한 길을
꿈이런가 눈감고 헤아리려니
가슴에 선뜻 빛갈이 돌아
생각을 끈으며 눈물 고이며

　　　　27

미움이란 말속에 보기실흔 아픔
미움이란 말속에 하잔한 뉘침
그러나 그말삼 씹히고 씹힐때
한거풀 넘치여 흐르는 눈물

28

생각하면 붓그려운 일이여라
석가나 예수가치 큰일을 할니라고
내 가슴에 불덩이가 타오르든때
학생이란 피로싸인 붓그려운때

29

왼몸을 감도는 붉은 핏줄이
꼭 감긴 눈속에 뭉치여 잇네
날낸소리 한마듸 날낸 칼하나
그 핏줄 딱끈어 버릴수업나

□ 金永郎 詩集 제2부(1938~1940년)

거문고

검은벽에 기대선채로
해가 수무번 박귀였는듸
내 麒麟은 영영 울지를못한다

그가슴을 통 흔들고간 老人의손
지금 어느 끝없는 饗宴에 높이앉었으려니
땅우의 외론 기린이야 하마 이저졌을나

박같은 거친들 이리떼만 몰려다니고
사람인양 꾸민 잣나비떼들 쏘다니여
내 기린은 맘둘곳 몸둘곳 없어지다
문 아조 굳이닫고 벽에기대선채
해가 또한번 박귀거늘
이밤도 내 기린은 맘놓고 울들 못한다

《朝光》 5권 1호

가야금

北으로
北으로
울고간다 기러기

南邦의
대숲밑
뉘 휘여 날켯느뇨

앞서고 뒤섰다
어지럴리 없으나
간열픈 실오랙이
네목숨이 조매로아

《朝光》 5권 1호

달마지

빛갈 환—히
東窓에 떠오름을 기두리신가
아흐레 어린달이
부름도없이 홀로 났소
月出 東嶺
八道사람 마지하오
거척없이 따르는 마음
그대나 고히 싸안어주오

《女性》 4권 4호

연(I)

내 어린날!
아슬한 하날에 뜬 연같이
바람에 깜박이는 연실같이
내어린날! 아슨풀 하다

하날은 파 ──랗고 끝없고
평평한 연실은 조매롭고
오! 흰연 그새에 높이
아실아실 떠놀다 내어린날!

바람이러 끊어 갔더면
엄마 압바 날어찌 찾어
히끗히끗한 실낫 믿고
어린 압바 피리를 불다

오! 내어린날 하얀옷입고
외로히 자랐다 하얀넋담고
조마조마 길가에 붉은발자옥
자옥마다 눈물이 고이였었다

《女性》 4권 4호

五月

들길은 마을에 들자 붉어지고
마을골목은 들로 내려서자 푸르러졌다
바람은 넘실 千이랑 萬이랑
이랑 이랑 햇빛이 갈라지고
보리도 허리통이 부끄럽게 들어났다
꾀꼬리는 엽태 혼자 날아볼줄 모르나니
암컷이라 쫓길뿐
수놈이라 쫓을뿐
황금 빛난 길이 어지럴뿐
얇은 단장하고 아양 가득 차있는
山봉우리야 오늘밤 너 어디로 가버리런?

《文章》1권 6호

毒을 차고

내 가슴에 毒을 찬지 오래로다
아직 아무도 害한 일 없는 새로 뽑은 毒
벗은 그 무서운 毒 그만 흩어버리라 한다
나는 그 毒이 벗도 선뜻 害할지 모른다 위협하고,

毒 안 차고 살어도 머지않어 너 나 마주 가버리면
屢億千萬 世代가 그 뒤로 잠잣고 흘러가고
나중에 땅덩이 모지라져 모래알이 될것임을
「虛無한듸!」毒은 차서 무엇 하느냐고?

아! 내 세상에 태어났음을 원망않고 보낸
어느 하루가 있었던가, 「虛無한듸!」, 허나
앞뒤로 덤비는 이리 승냥이 바야흐로 내 마음을 노리매
내 산체 짐승의 밥이되어 찢기우고 할퀴우라 네 맡긴 신세임을

나는 毒을 품고 선선히 가리라,
마금날 내 깨끗한 마음 건지기 위하야.

《文章》1권 10호

墓碑銘

생전에 이다지 외로운사람
어이해 뫼아레 碑돌세우오
초조론 길손의 한숨이라도
헤여진 고총에 자조떠오리
날마라 외롭다 가고말사람
그레도 뫼아레 碑돌세우리
「외롭건 내곁에 쉬시다가라」
恨되는 한마듸 삭이실난가

《朝光》 5권 12호

한줌흙

본시 평탄했을 마음 아니로다
구지 톱질하여 산산 찌저노았다

風景이 눈을 홀리지 못하고
사랑이 생각을 흐리지 못한다

지처 원망도 안코 산다

대채 내노래는 어듸로 갔느냐
가장 거륵한것 이눈물 만

아쉰 마음 끝네 못빼았고
주린 마음 끄득 못배불리고

어피차 몸도 피로워졌다
밧비 棺에 못을 다저라

아모려나 한줌 흙이 되는구나

《朝光》6권 3호

江물

잠ㅅ자리 서뤄서 이러났소
꿈이 고읍지못해 눈을 떳소

벼개에 차단히 눈물은 지젓는듸
흐르다못해 한방울 애끈히 고히엿소

꿈에본 江물이라 몹시보고싶엇소
무럭무럭 김오르며 내리는 江물

언덕을 혼자서 거니노라니
물오리 갈매기도 끼룩끼룩

江물을 철 철 흘러가면서
아심찬이 그꿈도 떠실코갓소

꿈이아닌 생시 가진서름도
작고 江물은 떠실코갓소

《女性》5권 4호

偶 感

우렁찬 소리 한마디 안 그리운가
내 비위에 꼭 맞는 그 한마디!
입에 돌고 귀에 아직 우는구나

40 갓 찬 나이, 내 일찍 나서 좋다
창자가 짤리는 설움도 맛봐서 좋다
간 쓸개가 가까스로 남았거늘

아버시노 싫다 너무 이른 때 나셨다
아들도 싫다 너무 지나서 나왔다
내 나이 알맞다 가장 서럽게 자랐다

행복을 찾노라 모두들 환장한다
제 혼자 때문만 아니라는구나 주제넘게 남의 행복까지!
갖다 부처님께 바쳐라 앓는 마누라나 달래라

봄 되면 우렁찬 소리 여기저기 나는 듯해 자지러지다가도
거저 되살아날 듯싶다만 내 보금자리는 하냥 서런
幸福이 가득 차 있다

《朝光》 1940년 6월

호젓한 노래

그대 내 훗진노래를 드르실까
꽃은 까득픠고 벌때 닝닝거리고

그대 내 그늘업는소리를 드르실까
안개 자욱히 푸른골을 다 덥헛네

그대 내 흥안니는노래를 드르실까
봄물결은 웨 이는지 출렁거리네

내소리는 께벗어 봄철이 실타리
호젓한소리 가다가는 쑵쓸한소리

어슨달밤 붉안동백꼿 쥐어따서
마음씨 양 꽁꽁 쭈무러버리네

《女性》 5권 6호

春 香

I

큰칼 쓰고 獄에 든 春香이는
제마음이 그리도 독했든가 놀래었다
성문이 부서저도 이 악물고
사또를 노려보든 교만한 눈
그는 옛날 成學士 朴彭年이
불지짐에도 泰然하였음을 알었었니라
오! 一片丹心

II

원통코 독한마음 잠과꿈을 이뤘으랴
獄房 첫날밤은 길고도 무서워라
서름이 사모치고 지처 쓰러지면
南江의 외론魂은 불리어 나왓느니
論介! 어린春香을 꼭 안어
밤새워 마음과 살을 어루만지다
오! 一片丹心

III

사랑이 무엇이기
貞節이 무엇이기
그때문에 꽃의春香 그만 獄死하단말가
지네 구렁이 같은 卞學徒의
흉칙한 얼굴에 까물어처도
어린가슴 달큼히 지켜주는 도련님생각
오! 一片丹心

IV

상하고 멍든자리 마듸마듸 문지르며
눈물은 타고남은 간을 젖어 내렸다
버들닢이 창살에 선뜻 스치는 날도
도련님 말방울 소리는 아니들렸다
三更을 세오다가 그는 고만 斷腸하다
두견이 울어 두견이 울어 南原고을도 깨어지고
오! 一片丹心

V

깊은 겨울밤 비ㅅ바람은 우루루루
피칠해논 獄窓살을 드리 치는대
獄죽엄한 寃鬼들이 구석구석에 휙휙 울어

淸節春香도 魂을 잃고 몸을 버려 버렸다
밤 새도록 까무러치고
해 도들녘 깨어나다
오! 一片丹心

VI

믿고 바라고 눈앞으게 보고싶든 도련님이
죽기前에 와주셨다 春香은 살았구나
쑥대머리 귀신얼굴된 春香이 보고
李도령은 殘忍스레 우섰다 저때문의 貞節이 자랑스러워
「우리집이 팍 亡해서 上거지가 되었지야」
틀림없는 도련님 春香은 원망도 않했니라
오! 一片丹心

VII

모진 春香이 그밤새벽에 또 까무러처서는
영 다시 깨어나진 못했었다 두견은 우렀건만
도련님 다시뵈어 恨을 풀었으나 살아날 가망은 아조 끈끼고
왼몸 푸른 脈도 홱 풀려 버렸을법
出道 끝에 御史는 春香의몸을 거두며 울다
「내 卞苛보다 殘忍無智하여 春香을 죽였구나」
오! 一片丹心

집

내집 아니라
늬집 이라
나르다 얼는 도라오라
처마 欄干이
늬들 가여운 소색임을 知音터라

내집 아니라
늬집 이라
아배 간뒤 머난날
아들 손자 잠도 깨우리
문틈사이 늬는 몇代채 서뤄 우느뇨

내집 아니라
늬집 이라
은행닢이 나른갑드니
좁은 마루구석에 품인듯 안겨들다
太古로 맑은바람이 거기 사럿니라

오! 내집이라
열해요 스무해를
안젓다 누엇달뿐

문밖에 밧분 손이
길 잘못드러 날 차저오고

손때 살내음도 저릿슬 欄干이
흔히 나를 않고 먼산 판다
한두쪽 힌구름이 사러지는듸
한두엇 저즈른 넷일이
파아란 하날 만히 아슬하다

《人文評論》 11호

□ 永郎詩集 제3부(1947~1950년)

북

자네 소리하게 내 북을 치제

진양조 중머리 중중머리
엇머리 자저지다 휘모라보아

이러케 숨결이 꼭마저사만 이룬 일이란
人生에 흔치안어 어려운일 시원한일

소리를 떠나서야 북은 오직 가죽일뿐
헛때리면 萬甲이도 숨을 고처 쉴박게

長短을 친다는말이 모자라오
演唱을 살리는 伴奏쯤은 지나고
북은 오히려 컨닥타요

떠밧는 名鼓인듸 잔가락을 온통 이즈오
떡떡궁! 動中靜이오 소란속에 고요 잇어
人生이 가을가치 익어가오

자네 소리 하게 내 북을 치제

《東亞日報》 1946년 12월 10일

바다로 가자

바다로 가자 큰 바다로 가자
우리는 인젠 큰 하늘과 넓은 바다를 마음대로 가졌노라
하늘이 바다요 바다가 하늘이라
바다 하늘 모두다 가졌노라
옳다 그리하야 가슴이 뻐근치야
우리 모두다 가잣구나 큰 바다로 가젓구나
우리는 바다없이 살었지야 숨막히고 살었지야
그리하야 쪼여들고 울고불고 하엿지야
바다없는 항구속에 사로잡힌 몸은
살이 터저나고 뼈 튀겨나고 넋이 흐터지고
하마트면 아주 꺼꾸러져 버릴것을
오― 바다가 터지도다 큰바다가 터지도다
쪽배 타면 濟州야 가고 오고
獨木船 倭섬이사 갔다 왔지
허나 그게 바달러냐
건너뛰는 실개천이라
우리 三年 걸여도 큰배를 짓자구나
큰바다 넓은 하늘을 우리는 가젓노라
우리는 큰배타고 떠나가잣구나
滄浪을 헤치고 颱風을 거더차고
하늘과 맛이흔 저 水平線 뚜르리라

큰 호통하고 떠나가잣구나
바다없는 항구에 사로잡힌 마음들아
툭털고 이러서자 바다가 네집이라
우리들 사슬버슨 넋이로다 푸러노힌 겨래로다
가슴엔 잔뜩 별을 안으렴아
손애 잡히는 엄마별 애기별
머리우엔 끄득 보배를 이고오렴
발아래 쫙깔린 산호요 진주라
바다로가자 우리 큰 바다로 가자

《民衆日報》 1947년 8월 7일

놓인 마음

가을날 땅검이 아름풋한 흐름 우를
고요히 실리우다 훤듯 스러지는것
잊으봄 보랏빛의 낡은 내음이뇨
임으 사라진 千里밖의 산울림
오랜세월 싀닷긴 으스름한 파스텔

애닯은듯 한
좀서러운듯 한

오……모도다 못도라오는
먼―지난날의 놓인마음
〈舊詩帖에서〉

《新天地》 3권 9호

絶望

玉川 긴언덕에 쓰러진 죽엄 때죽엄
生血은 쏫고 흘러 十里江물이 붉었나이다
싸늘한 가을바람 사흘불어 피江물은 얼었나이다
이 무슨 악착한 죽엄이오니까
이 무슨 前世에 업든 慘變이오니까
祖國을 지켜주리라 믿은 우리 軍兵의 槍끝에
太極旗는 갈갈히 찢기고 불타고 있읍니다
별같은 靑春의 그 총총한 눈물은
惡의 毒酒에 가득 醉한 軍兵의 칼끝에
모조리 도려빼이고 불타죽었나이다
이 무슨 災변이오니까
우리의 피는 그리도 不純한 배있었나이까
무슨 政治의 이름아래
무슨 뼈에 사모친 원수였기에
훗한 겨레의 아들딸이였을 뿐인듸
이렇게 硫黃불에 타죽고 마럿나이까
근원이 무에던지 캘바이 아닙니다
죽어도 죽어도 이렇게 죽는 수도 있나이까
산채로 살을 깍기여 죽었나이다
산채로 눈을 뽑혀 죽었나이다
칼로가 아니라 탄환으로 쏘아서 四지를 갈갈히 끈어 불태웠나이다

홋한 겨레이 피에도 이렇안 不純한 피가 석겨 있음을 이제 참으로 알었나이다
아! 내 不純한 핏줄 呪詛바들 핏줄
산고랑이나 개천가에 버려둔채 깜앗케 鉛毒한 죽엄의 하나하나
탄환이 쉰방 일흔방 여든방 구멍이 뚫고 나갔읍니다
아우가 형을 죽였는대 이럿소이다
조카가 아재를 죽였는대 이럿소이다
무슨 뼈에 사모친 원수였기에
무슨 政治의 탈을 썻기에
이래도 이民族에 希望을 붓처 볼수있사오리까
생각은 끈기고 눈물만 흐름니다

《東亞日報》 1948년 11월 16일

새벽의 處刑場

새벽의 處刑場에는 서리찬 魔의 숨길이 휙휙 살을 애움니다
탕탕 탕탕탕 퍽퍽 쏠어집니다
모두가 씩씩한 맑은눈을 가진 젊은이들 낳기 前에 임을 빼앗긴
太極旗를 도루차저 三年을 휘두르며 바른길을 앞서 것든 젊은이들
탕탕탕 탕탕 작구 쏠어집니다
연유 모를 때죽엄 원통한 때죽엄
마지막 숨이다져질때에도 못잊는것은
下弦찬달아래 鐘鼓山 머리 나르는 太極旗
오……亡해가는 祖國이 모습
눈이 참아 감겨젓슬까요
보아요 저흘러내리는 싸늘한 피의 줄기를
피를 험벅마신 그해가 일곱번 다시뜨도록
비린내는 죽엄의거리를 휩쓸고 숨다젓나니
處刑이 잠시 쉬논 그새벽마다
피를 싯는 물車 눈물을 퍼부어도 퍼부어도
보아요 저흘러내리는 生血의 싸늘한 피줄기를

《東亞日報》1948년 11월 14일

겨레의 새해

　　해는 점을쩍마다 그가 저지른 모든 일을 잊음의 큰바다로 흘려보
내지만
　　우리는 새해를 오직 보람으로 다시 마지한다
　　멀리 四千二百八十一年
　　힌뫼에 힌눈이 싸힌 그대로
　　겨레는 한글가치 늘고 커지도다
　　일허나고 없어지고 온갓 살림은
　　구태어 캐내어 따질것없이
　　긴 긴 半萬年 통트러 오롯했다
　　四十年 치욕은 한바탕 험한 꿈
　　四年 쓰린생각 아즉도 눈물이돼
　　이아츰 이가슴 정말 뻐근하거니
　　나라가 처음 萬邦平和의 큰기둥되고
　　百姓이 人類위해 큰일을 맡홈이라
　　긴 半萬年 슴처서 한해 로다
　　새해 처음맞는 겨레의 새해
　　미진한 大業 이루리라 거칠것없이 닷는새해
　　이 첫날 겨레는 손맛잡고 노래한다

《東亞日報》 1949년 1월 6일

연(Ⅱ)

좀평나무 높은 가지끝에 얼킨 다 해진 흰실낫을 남은 몰나도
보름전에 산을넘어 멀리가버린 내연의 한알 남긴 서름의 첫씨
태어난뒤 처음높히 띄운보람 맛본보람
않 끈어젓드면 그렇수 없지
찬바람 쐬며 코ㅅ물 흘리며 그겨울내 그실낫 치어다보러 다녔으리
내인생이란 그때버텀 벌서 시든상 싶어
철든 어른을 뽑내다가도 그흰실낫같은 病의 실마리
마음 어느 한구석에 도사리고있어 얼신거리면
아이고! 모르지
불다 자는 바람
타다 꺼진 불똥
아! 인생도 겨래도 다 멀어지든구나

《白民》 17호

발 짓

건아한 낮의 소란소리 풍겼는듸 금시 퇴락하는양
묵은 壁紙의 내음 그윽하고
저 쯤 에사 걸려 있을 희멀끔한 달
한자락 펴진 구름도 못 말어놓는 바람이어니
묵근히 옮겨 딛는 밤의 검은 발짓만 고되인 넋을 짓밟누나
아! 몇날을 더 몇날을
뛰어본다리 날아본다리
허잔한 風景을 안고 고요히 선다.

《民聲》5권 8호

忘 却

걷든 걸음 멈추고서서도 얼컥 생각키는것 죽음이로다
그 죽음이사 서룬살적에 벌서다아 잊어버리고 살어왔는듸
웬 노릇인지 요즘 자꼬 그 죽음 바로 닥처온듯만 싶어저
항용 주춤 서서 행길을 호기로히 달리는 行喪을 보랏고있느니

내 가버린뒤도 세월이야 그대로 흐르고 흘러가면 그뿐이오라
나를 안어길으든 山川도 萬年한양 그 모습 아름다워라
영영 가버린 날과 이세상 아모 가낄 것 없으메
다시 찾고 부를인들 있으랴 億萬永劫이 아득할뿐

山川이 아름다워도 노래가 고앗드래도 사랑과 예술이 쓰리고 달 끔하여도
그저 허무한 노릇이여라 모든 산다는 것 다―허무하오라
짧은 그동안이 행복햇든들 참다윗든들 무어 얼마나 다를나드냐
다 마찬가지 아니냠만 나흘러냐? 다―허무하오라

그날 빛나든 두눈 딱감기여 瞑想한대도 눈물은 흐르고 허덕이다 숨다지면 가는거지야
더구나 총칼사이 헤매다죽는 태어난悲運의 겨래이어든
죽음이 무서웁다 새삼스래 뉘 卑怯할소냐만은 卑怯할소냐 만은
죽는다― 고만이라― 이허망한 생각 내마음을 웨 꼭붓잡고 노칠

안느냐

忘却하자—해본다 지난날을 아니라 닥처오는 내 죽음을
아! 죽음도 忘却할수있는것이라면
허나 어듸죽음이야 忘却해질수 있는것이냐
길고 먼世紀는 그죽엄다—忘却하였지만

《新天地》 4권 8호

感激 八·一五

　煉獄의 半世紀 짓밟히어 지늘끼고도 다시 선뜻 불같이 일어서는
우리는 大韓의 훗한겨레
　쇠사슬 즈르릉 풀리던 그날
　어디하나 異端있어 行列을 빠져나더뇨
　三千萬은 낯낯이 가슴맺친 獨立을 외쳤을뿐

　疆土가 까다로운 經緯度에 자리했음 울어야 하느냐
　高句麗 新羅 쩍은 어찌들 했던가 뒤져보렴아
　聖祖 이룩하신 이땅은 天下의 陽地
　三千里가 적어서 恨이라면 英蘭土를 보렴아
　奇蹟이 아니드면 뫼실 수 없던 民族의 統領
　그聰慧 그膽덩이 이나라는 盤石우에 선 民主保壘

　벌써 倭놈과의 싸움도 지난듯 싶은데
　四年동안은 누구들 때문에 흘린 피드냐
　萬民共和의 世界憲章 발맞추는 大韓民國
　民主憲法이 글으드냐 土地改革을 안한다드냐
　도시 大西洋憲章이 未洽트란 말이지
　四十八對六 인데 六이 더 옳단 말이지
　鐵의帳幕은 숨막혀도 獨裁하니 좋았고
　民主開放이 明朗하여도 人權平等이 싫드란말이지

四十年동안의 불다름에도 얼은 남은 겨레로다
四年쯤의 싸움이사 우리는 百年도 불가살이
이젠 벌써 是非를 따질때가 아니로다
쓸어진 同志의 죽엄을 밟고 넘어서 오직 前進할 뿐
大義에 죽음 永遠한 삶임을 三千萬 모두 다 마음커니
大義大韓 그앞에 간사한 謀略과 흉측한 暗鬪가 있을 수 없다
보라 저 피로 싸일 失地恢復의 數萬旗빨
드르라 百萬聰俊의 地軸을 흔드는 저 盟誓들

《서울신문》 1949년 8월 15일

五月아츰

비 개인 五月아츰
홀란스런 꾀꼬리 소리
―燦嚴한 햇살 퍼저 오름내다.

이슬비 새벽을 적시울 지음
두견의 가슴찢는 소리 피 어린 흐느낌
한 그릇 옛날 香薰, 엇지
이맘 홍근 안저젓스리오만은

이아츰 새 빛에 하늘대는 어린 속잎들
저리 부드러웁고
그 보금자리에 찌찌찌 소리 내는 잘새의
발목은 포실거리어
접힌다음 구긴생각이 이제 다 어루만저젓나보오.

꾀꼬리 는 다시 蒼空을 흔드오
자랑찬 새 하늘 사치스래 만드오

몰핀 냄새도 이저버렸대서야
不惑이 자랑이 되지않소
아츰 꾀꼬리에 안불리는 魂이야

새벽 두견이 못잡는 마음이야
한 낮이 靜諡하단들 또 무얼하오

저 꾀꼬리 무던히 少年인가보
새벽 두견이야 오―랜 中年이고
내사 不惑을 자랑튼 사람

《文藝》1권 2호

行軍

北으로 北으로
울고 간다 기러기

南邦 대숲 밑을
뉘 후여 날켯느뇨

낄르르 낄르
차운 어슨 달밤

언 하눌 스미지 못 해
처량한 行軍

낄르! 간열프게 멀 다
하눌은 목매인 소리도 낸다

《民族文化》 1권 1호

수풀 아래 작은 샘

수풀 아래 작은 샘
언제나 흰구름 떠가는 높은하늘만 내어다보는
수풀 속의 맑은 샘
넓은하늘의 수만별을 그대로 총총 가슴에 박은 작은 샘
드래박을 쏘다져 동우갔을 깨지는 찰란한 떼별의 훗는소리
얼켜져 잠긴 구슬손결이
웬 별나라 휘흔들어버리어도 맑은 샘
해도 저물녁 그대 종종거름 흰듯 다녀갈뿐 샘은 외로워도
그밤 또 그대 날과 샘과 셋이 도른도른
무슨 그리 향그런 이야기 날을 세었나
샘은 애끈한 젊은꿈 이제도 그저 지녔으리
이밤 내 혼자 나려가볼꺼나 나려가볼꺼나

언—땅 한길

언땅 한길 파도 파도
광이는 앞으게 맡이더라
언—대로 묻어두기 불상하기사
봄되여 녹으면 울며 보채리
두자세치를 눈이 덮혀도
뿌리는 얼신 못건드려
대 죽고난 이 三月 파르스름히
풀닢은 깔리네 깔리네

池畔追憶

깊은 겨울 해빛이 다사한 날
큰 못가의 하마 잊었든 두던길을 삿분 거니러가다 무심코 주저앉다
구을다 남어 한곳에 쏘복히 쌓인 落葉 그 위에 주저앉다
살르 빠시식 어찌면 내가 이리 짖구진고
내몸푸를 내가 느끼거늘 아무렇지도 않은듯 앉어있다?
못물은 치위에도 달는다 얼지도않는 날세 落葉이 수없이 묻힌 검은 뻘
흙이랑 더러 드러나는 물부피도 많이 줄었다
흐르질 않드라도 가는물결이 금 지거늘
이못물 웨 이럴고 이게 바로 그 죽엄을물일가
그져 고요하다 뻘흙속엔 지렁이 하나도 굼틀거리지않어? 뽀글 하지도
안어 그져 고요하다 그물위에 떠러지는 마론잎하나도 없어?
해볓이 다사롭기야 나는 서어하나마 人生을 느끼는듸
연아문해? 그때는 봄날이러라 바로 이못가이러라
그이와 단두리 흰모시진설 두르고 푸르론 있기도 행여 밟을세라 돌 위에
앉고 부프론 봄물결위의 떠노는 白鳥를 히롱하여
아즉 靑春을 서로 조아하였었거니
아! 나는 이지음 서어하나마 人生을 늣기는듸

〈十二月 十四日〉《民族文化》 2호, 1950년 2월)

千里를 올라 온다

千里를 올라 온다
또 千里를 올라들 온다
나귀 얼렁소리 닷는 말굽소리
靑雲의 큰뜻은 모혀들다 모혀들다.

南山北岳 갈래갈래 뻐든 골짝이
엷은안개 그밑에 묵은 이끼와 푸른松柏
朗朗히 울려나는 靑衣童子의 글외는소리
나라가 덩그러히 이룩해지다.

인정이 울어 八門이 굳히 다치어도
亂臣外寇 더러 城을넘ㅅ고 불을 놓다.
頹落한 金石殿閣 이젠 차라리 겨래의 香그런 才華로다
찰란한 파고다 여 우리 그대앞에 진정 고개 숙인다.

鐵馬가 터지든날 노들 무쇠다리
신기한 먼나라를 삿분 옴겨다 놓았다.
서울! 이나라의 화사한 아침저자 러라
겨래의 새봄바람에 어리둥절 失行한 숫處女ㄴ들 업섰을거냐.

南山에 올나 北漢冠岳을 두루 바라다 보아도

정영코 山졍기로 태어난 우리들이라.
웃득소슨 뫼뿌리 마다 고물고물 골짝이 마다
내 모습 내마음 두견이 울고 두견이 피고.

높흔재 얕은골 흔들니는 실마리 길.
그윽하고 너그럽고 잔잔하고 싼듯 하지.
白馬 호통소리 나는 날이면
黃金 꾀꼬리 喜悲交響을 아뢰니라.

《白民》21호, 1950년 3월

어느날 어느때고

어느 날 어느 때고
잘 가기 위하야
평안히 가기 위하야

몸이 비록
아프고 지칠지라도
마음 평안히
가기 위하야

일만 정성
모두어 보리.

덧없이 봄은 살같이 떠나고
中年은 하 외로워도
이 虛無에선 떠나야 될것을

살이 삭삭
여미고 썰릴지라도
마음 평안히
가기 위하야

아! 이것
평생을 딱는 좁은 길.

《民聲》6권 3호

琴湖江

언제부터
웅그레 저 수백리를
脈脈히 이어받고 이어가는 도란 물결소리
슬픈 魚族 거슬러 行列하는 江
차라리 아쉬움에
내 후련한 연륜과 함께
맛보듯 구수한 이야기잇고
어디멜 흘러갈 금호강

여기
해뜨는 아침이 있었다
季節風과 더불어 꽃피는 봄이 있었다
교교히 달빛 어린 가을이 있었다

이 나룻가에서
내가 몸을 따루며 살았다
물소리를 듣고 잠들었다
오랜 오늘
근이는 대학을 들고
수방우와 그리고 선이가 죽었다는
소문이 도시 믿어지지 않은,

이 나룻가
오롯한 位置에 내 홀로 서면,
지금은 어느 어머니가 된
눈 맵시 아름다운 여인의 이름이

아직도 입술에 맴돌아
사라지지 않고
이 나룻가 물을 마시고 받는
이 청춘의 상처

아—나의 병아

(金南石의 「詩精神論」에서 인용)

五月恨

모란이 피는 오월달
月桂도 피는 오월달
온갓 재앙이 다버러졌어도
내품에 남는 다순김 있어
마음실 튀기는 五月이러라
무슨 대견한 옛날 였으랴
그래서 못잊는 오월 이랴
靑山을 거닐면 하루한치식
뻗어오르는 풀숲사이를
보람만 달리는 五月이러라
아모리 두견이 애닯어 해도
황금 꾀꼬리 아양을 펴도
싫고 좋고 그렇기 보다는
풍기는 내음에 지늘껴것만
어느새 다해―진 五月이러라

《新天地》 5권 6호

□ 永郎詩集 제4부 譯詩

하늘의 옷감
(HE WISHES FOR THE CLOTHES OF HEAVEN)
W. B. 예이츠

내가 금과 은의 밝은 빛을 넣어 짠
하늘의 수놓은 옷감을 가졌으면
밤과 밝음과 어스른 밝음의
푸르고 흐리고 검은 옷감이 내게 있으면
그대 발 아래 깔아 드리련마는
가난한 내라, 내 꿈이 있을 뿐이여,
그대 발 아래 이 꿈을 깔아 드리노니,
사뿐히 밟고 가시라, 그대 내 꿈을 밟고 가시느니.

이니스프리
(THE LAKE ISLE OF INNISFREE)

나는 일어나 바로 가리, 이니스프리로 가리,
외워고 흙을 발라 조그만 집을 얽어,
아홉 이랑 밀을 심고 꿀벌의 집은 하나,
숲가운데 빈 땅에 벌 잉잉거리는 곳
    내 홀로 게서 살으리

거기서는 내 마음도 얼마쯤 가라앉으리,
안개 어린 아침에서 평화는 흘러내려
밤중에도 환한 기운 한낮에 타는 자주,
    해으름은 홍작의 나래소리.

나는 일어나 바로 가리, 언제나 밤낮으로
내 귀에 들리나니, 그 호수의 언덕에
나직이 찰싹거리는 물소리,
회색 舖道 위에서나 한길에 서 있을 제
    내 맘의 깊은 곳에 들리어 오나니.

나치 反抗의 노래

에리히 바이너트

屠殺者의 軍隊를 떠나라!
——빛나는 全獨逸兵士들에게

피의 자국은 날카롭고 역력하기 때문에 이제 세계는 다시 회오리 바람 같은 거짓말에 귀머거리가 되지는 않을 것이다.
 너희들이, 여기서 하고 있는 것은 누구의 눈도 속이지 못하리라.

가는 곳마다 뿌리는 피를,
눈 속에 죽어 쓰러진 處女들 위에 그대늘이 남긴 强姦의 痕跡을,
진탕 속에 그대들의 발이 짓밟은 어린것을 兵士여 그대들은 어떻게 생각하느냐?

그대들은 그들의 아우성소리를 들었다.
탱크와 銃砲 밑에서 신음하는 肉體를 그대들은 보았다.
산 사람들이 烽火처럼 불타 쓰러질 때 그대들은 몸서리치고 말이 없었다.
그대들의 부끄러움을 나는 아노라

그대들로 하여금 拷問을 敢行케 하고 사람을 죽이게 만든 것을
그대들의 의사가 아니라고 생각함으로써
그대들은 마음의 平和를 누릴 수 있었더냐?

전독일군이 罪罰을 받아야 할 때 그대들에게는 무슨 道理가 있을 것이냐?

이미 때가 늦었다고 후회한댔자 죽어가는 희생자들을 바라만 보고 있다 한들
그것이 무슨 소용이 있을 것이냐.
傍觀하는 者들이여 屠殺者들이 보내는 길을 가야 함을 슬퍼한들 무엇하는가

돼지와 함께 강냉이 껍질을 먹었다고 후회한들 무엇하랴
빨리 놈들의 군대에서 나와 버려라.
아직도 늦지 않다. 그렇지 못한다면 그대들이 같은 길을 가야만 하게 된들
어느 누가 동정해 줄 것이냐.

自由를 찾고 자유의 길을 찾을 힘과 勇氣를 그대들은 갖지 않느냐?
이것이 그 길이다. 어찌해서 망설이느냐?
오늘 바로 우리 군대로 넘어오라. 그대와 그대가 사랑하는 나라를 救해내라.

히틀러에 對하는 독일 병사
「나는 나의 兵士들과 더욱 가까이 하기 위해서
總司令官의 職位를 차지하였노라」──히틀러

이제 당신은 옳은 생각을 가지셨소.

친애하는 獨裁者여!
위선자가 되지 말고 좀더 가까이 오구려!

만일 당신이 당신의 약속을 지킨다면
아직도 塹壕 속엔 당신이 있을 자리가 있소.
뭐든지 당신이 所願하는 바를 말해 보시오.
그러면 우리가 당신에게 드릴 터이니

여기 우리는 밀짚더미에 쪼그리고 앉아 있소.
와서 한 자리 차지하시오.
그러나 조심하시오.
우리들의 언 발을 밟지 않도록

여기 날고기의 샐러드가 있소.
그리고 지렁이는 맛이 훌륭하지요
그리고 우리들의 아름다운 도시에서는
이(虱)란 놈들이 안락하게 살고 있지요.

당신은 담배를 피지 않기에
우리들의 고추를 훔치지는 않을 것이오.
그러나 그런 것들이 필요한 사람들에겐
이곳의 생활이란 우스개 장난이 아니라오.

당신은 菜食主義者니까
우리들이 먹는 것도 좋아할 게요.
한 조각의 고기도 없는
행복한 아리안族들을 구경하시오.

단 하나 진정한 것은 羞恥뿐이오.
우리들은 여기서는 언제나
다른 말을 하기 때문에
당신은 새로운 연설을 하지 마시오.

영웅의 무덤을 생각하고서
感氣도 염병도 걸리지 마시오.
우리들이 집에 돌아가는 날이면
당신은 어차피 오래 살지는 못할 테니까.
당신을 위풍당당하게
묻어 드리리라는 것은 의심치 마시오.
아무리 못 한다 해도
맵시있는 葬體만은 해드리지요.
그건 정말로 愉快할걸요!

병사들이여 이제는 아무 희망도 없다

兵士들이여 무서운 시기는 닥쳐왔다.
時節의 변화를 그대들은 모르느냐?
이 러시아의 擴野는
冷酷한 감옥으로 되리라는 것을
모스코바와 레닌그라드로 가는 길은 죽음과 열병의 길
가을이 온다 진흙과 더불어
겨울이 온다 영원히 가지 않을 겨울이

귀밑까지 눈에 빠지고

다시는 補給도 잇지 못할……
빠져나지 못할 진흙과 움직이지 못할 얼음, 그 밑에 길은 파묻히
게 될 것이다.

사정없는 바람을 막아 줄
지붕도 마룻바닥도 없이
폭탄 세례의 표적이 된 채
그대들은 들판에 쪼그려만 있을 것이다.

무정한 어둠 속에서
그대들은 잠조차 이루지 못하리라
빨치산은 수풀 속에 잠복해 있고
그들의 총소리는 그대들을 위협할 것이다.

彈丸도 빵도 없기 때문에
慌急한 退却이 시작될 적에
그대들이 죽을 그 때까지 한사코 추격하면서
빨치산은 그대들의 가죽을 벗기고야 말 것이다.

그대들 손에 아내와 자식들의 생명을 뺏긴
그 사람들은 조금도 너희를 용서하지 않을 것이다.
설사 그의 손을 빠져나온다 한들
굶주림과 추위가 그대들의 목숨을 빼앗고야 말 것이다.

廣漠한 러시아의 무덤 이외엔
兵士들이여 이제는 아무런 希望도 남지 않았다.
얻어맞고 굶주리고 종살이를 할

그러한 死滅을 누가 원할 것이냐?

死滅 暴壓의 깃발이 찢기울 바로 그 때
그대들은 再生하는 獨逸의 光明을
어떻게 볼 수 있을 것이냐?

平和와 빵에로의 길은 단 한 길이다.
銃과 칼을 버려라
故鄕에로 가는 그대들 앞길에는
죽음이 기다리고
우리의 앞길에는 生命이 기다린다!

2
金永郎 散文集

감나무에 단풍 드는 全南의 9월/杜鵑과 종다리/春雪/春水/春心/垂楊/朴龍喆과 나/人間 朴龍喆/文學이 副業이라던 朴龍喆 兄/出版文化 育成의 構想/熱望의 獨立과 冷徹한 現實/新人에 對하여/制服 없는 大學生/避署地 巡禮/芝溶 兄

감나무에 단풍 드는 全南의 9월

이봐요, 저 감이 이 하루 이틀 아주 골이 붉었구료. 아직 큰 바람이 일지는 않겠지요. 참, 그보다도 저 감잎 물든 것 좀 보아요. 밤중에 들었는가, 새벽녘에 들었을까.

이번은 그 첫물 드는 꼭 그 시간을 안 놓치고 보리라 했더니 올해도 또 놓쳤구료. 감잎은 퍽은 물들기가 좋은가 보아, 그러기에 보리라 보리라 벼르는 내 눈을 기어이 속이고 어느 틈에 살짝 물이 들었지. 그 옆에 동백나무는 사시 푸르고만 있잖은가. 만일 동백이란 열매라도 맺지 않는다면 저 나무는 참으로 이 가을철을 모르는 싱거운 나무지요. 아닙니다, 아닙니다. 사시 애가 없이 푸르청청하고 있대서 싱겁달 나무는 아닙니다. 그 동백이 바로 그저께부터 십자로 쫙쫙 벌어지지 않았습니까. 그 두꺼운 푸른 껍질이 쫙 벌어지면 까만 알맹이 동백이 토르륵 하고 빠져 쏟아지는데 풀 위에 꿈을 맺는 이슬같이 구르지요. 달밤에 감이 툭툭 떨어져선 깨쳐지는 이슬이 빛나는 것도 좋지마는 동백 한 알이 토록 하는데 그이는 고개를 슬쩍 들고 그 서슬에 나는 흘긋 건너다보고 그 밤은 무던히 좋은 꿈을 꾸며 자는 적이 많습니다.

그 불타는 꽃의 정열에 비기어 그 알이 하나 빠지는 것은 어찌 그렇게도 고담(枯淡)한가! 하늘에 별이 포감포감 박혔듯이 새빨간 꽃이 포기포기 그 싯푸른 잎새마다 하나씩 맞물고 맞물리우고 있지 않았는가. 동백잎같이 진하게 빨간 꽃은 없습니다. 동백나무를 어느 누가 화초로 가상타 하여 가꿀까요.

내 마음과 뜻이 자꾸자꾸 퇴색하여 가는 때 다시 물들여 주고 되살려 주는 내 생명의 나무인 것을. 그 동백이 까만 껍질에 싸인 씨가 있고 그 놀미한 씨를 짜면은 기름입니다. 그 기름이 그이의 검은 머리칼을 윤내어 주는 줄은 알지마는 과연 귀여운 요새 여인네들이 바르시는지는 모를 일입니다. 동백잎과 꽃에 그리도 많이 길리운 내 마음이 그 잎과 꽃의 정열보다도 그 알의 고요히 빠지는 정숙을 이다지도 좋아해졌을까 스스로 의심스럽소.

달이 밝고 바람은 살래살래 흘러드는 서늘한 9월 밤이요, 마루간에 가끔 한 마리씩 쫓기어 드는 모기를 날리면서 핼쑥해져 가는 구름이나 바라고 앉았노라면 밤도 깊습니다. 동백은 바로 풀 위의 이슬 위에 받습니다. 톡, 토륵, 토르륵, 셋이 빠진 듯하면 좀 사이를 둡니다. 다른 놈이 또 빠질 그 사이가 좀 떨어지는 것이 오히려 더 신통하오. 일어서서 안 나아갈 수 없나이다.

달빛이 희고 이슬이 빛나는데 토륵 하는 동백 한 알, 천지의 오묘하고 신비함이 이 밤 그 나무그늘 밑에 있는 듯싶습니다. 나는 눈이 어둡지 않아 이렇게 좋을 데가 없소이다. 귀가 막히지 않아 이리 복될 데가 없습니다. 나는 내 고향이 동백이 클 수 있는 남방임을 감사하나이다. 잎과 꽃의 그 봄이 시들었음이 아니로되, 동백 한 알이 빠져 이 긴 밤의 이리 고요하고 느껴움은 이 철 9월이 주는 은혜외다.

어리석은 나이는 자꾸 늘어 슬픈 일도 되오마는 그 나이를 안 먹고 있으면 보다 더 슬픈 일이지요. 막연하게나마 인생의 깊숙한 맛은 나이가 먹어가야만 정말 맛볼 것만 같소이다. 차차 봄을 떠나는 맛이요, 웃옷 벗고 푸대님으로 거니는 맛이요, 말없이 마루간에 혼자 앉았는 맛이지요. 비록 "옷을 벗어 갈수록 예뻐지는 내 여인아" 하는 그 나체(裸體) 예찬은 아닐지라도 이따금 벌거숭이로 거닐어 보고 싶은 때가 있소이다.

9월에 감이나 동백만이 열매이오니까, 오곡백과지요. 뜰 앞에 은행나무는 우리 부자가 땅을 파고 심은 지 17, 8년인데 한 아름이나 되어야만 은행을 볼 줄 알고 기다리지도 않고 있었더니 천만의외 이 여름에 열매를 맺었소이다. 몸피야 뼘으로 셋하고 반, 그리 크잖은 나무요, 열매라야 은행 세 알인데 전 가족이 이렇게 기쁠 때가 없소이다. 의논성이 그리 자자하지 못한 아버지와 아들이라 서로 맞대고 기쁜 체는 않지만 아버지도 기뻐합니다. 아들도 기뻐합니다. 엄마가 계시더면 고놈 세 알을 큰 섬에 넣어 가지고 머슴들을 불러대어 가장 무거운 듯이 왼 마당을 끌고 다니시는 것을. 봄에 은행잎은 송아지 첫 뿔나듯이 뾰족하니 돋기 시작하여 차차 나팔같이 벌어지고, 한여름은 동백잎에 못지 않게 강렬히도 태양에게 도전하고, 이 가을 들어선 바람 한 번에 푸름이 가시고 바람 한 번에 온통 노래지고 바람 한 번에 아주 흩어지는데 다른 단풍 같지 않고 순전히 노란빛이 한 잎, 두 잎 맑은 허공을 나는 것은 어떻다 말씀할 수 없습니다. 노령이신 아버지라 말씀이 없고 괴벽인 아들이라 말이 없고 50생남쯤 되는 이 열매를 처음 보고도 서로가 은연히 기뻐할 뿐이외다.
　어린 놈이 "그 은행 익으면 조부님 젯상에 놀래요." 하는 데는 파흥(破興) 아니할 수 없나이다. 이 아침에 동백이 또 토록 하는 통에 내 맨발로 또 금빛 이슬을 깨칩니다. 청명을 들이마시며 거닙니다. 시ㅡ실ㅡ호ㅡ근 호르르르르ㅡ저 대삽(숲) 속에서는 호반새가 웁니다. 벽안흑모(碧眼黑毛) 긴 꼬리를 달고 날면 그림자만 알룽거리는 것 같은 호반새 종다리 소리 같고도, 더 맑은 꾀꼬리 소리 같고도, 더 점잖은 가락은 요새 아침마다 연약한 벌레 소리를 누르고 단연 하이든의 안단테 칸타빌레를 노래합니다. 아침마다 참새들은 집에 붙어 있질 않습니다. 고놈들의 넓은 목장이 있는 탓입니다.
　후여후여 까까ㅡ후여 새를 몰고 쫓는 소리올시다. 어떤 때는 예사로 멋도 있게 들리는 후여까까, 그 애들의 헐벗은 옷이 축축 늘어진 벼이삭과 함께 아침 이슬에 후줄근히 젖었을 것입니다. 나락을 심어 먹기 시작한 때부터의 이 후여까까 소리, 만리 이역을 가시더라도 이 가을 아침이 되면 귀에 익어 쟁맹할 그 소리는 우리들의 살속 깊이 스며든 지 벌써 오랜 옛날이외다. 대삽에서 우렁찬 바람이 터져나옵니다. 지용의 '청대나무'입니다. 대에 나무를 붙여서 읊는 지용은 용하게도 동백을 춘(椿)나무라 읊습니다. 대나무의 고장인 이곳에선 삼척동자라도 대지, 대나무는 아니합니다. 그 대밭이 하도 많이 큰 게 있어서 한 동리의 한 촌락을 흔히 에워싸고 있습니다. 그 대밭을 대삽이라 부르지요. 죽순이 송아지 뿔나듯이 나오면 한 자 자랄녘에 끊어서 나물을 만들어 먹는데 그 맛이 천하일품, 그리하여 평양서는 굳은 큰 대를 잘라서 삶는다는가 봅니다. "이른봄 3월이니 남도에는 죽순이 났겠다"고 하신 시인이 계신 듯하나 죽순은 6월 초에야 지각을 뚫고 나옵니다. 그 놈이 죽순일 때에 다 커버리고 2년이 되면 다 굳어 버리어 설풍을 이겨냅니다. 「눈 맞아 휘어진 대의」 시조가 생긴 탓입니다. 9월 중추 명월 이 곳 남녀 젊은이의 성사(盛事)는 〈강강수월래〉의 원무회와 장정들 씨름판이외다.

부녀의 원무회는 새벽 한시경이면 헤어지지마는 시새워서들 성장을 꾸미고 출회하던 양이 볼 만하고 장정들의 씨름판은 밤을 새우고 동천강(東天江)이 되더라도 좀처럼 끝나지를 않습니다. 대개는 5, 6일쯤 같은 기간을 두고 농촌 장정 부녀는 연중 가장 유쾌합니다. 그도 그럴 일이지요. 오곡이 다 익었거든요. 명월은 그렇듯이 젊음을 꾀어낼 만하거든요. 아무튼 이 두 행사는 이곳의 아름다운 정조(情調)를 가장 많이 가지고 있습니다.

자! 9월도 늦어갑니다.

마루 끝의 발을 걷어치웁시다.

도시 말로 하이킹을 나서 볼까, 정병 5, 6인 손끝에 날랜 대창을 지녔소. 곧 산에 오르는 스틱이요, 밤 까는 창이외다. 배낭에 술을 넣을 것은 없습니다. 산중에라도 술잔이나 주는 사람이 없을라구요. 술잔이나 마시면 익혀 논 육자배기가 가을 하늘에 높이 뜹니다.

평지에서 바라다보아도 그 톱니 같은 산봉우리들, 발밑이 간지러운 월출산(月出山)은 단풍의 불타는 골짜기로 쌓였고 그 천왕봉(天王峰)·구정봉(九鼎峰)에서는 논 문서를 올려다가 자식들 불러 나눠주고 천만대손손 막등월출산(千萬代孫孫 莫登月出山)하라고 유언하신 군자가 계신 만큼 험한 곳이지요. 윤고산(尹孤山)은 월출산(月出山) 시조로 무던히 사랑했던 곳이요, 그 산뿌저리에 무위사(無爲寺) 있고, 오도자(吳道子)의 벽화가 절품입니다. 정다산(丁茶山)이 계시던 백련사(百蓮寺)는 남쪽 구강 위에 우뚝 솟은 선경이요, 죽도(竹島) 앞에 매일 배타고 일월을 보낸 다산(茶山)의 늠름한 풍모를 그려 볼 수 있나이다. 고래 수백 년이 강물 위를 배타고 적소 참하신 한 많은 선비, 얼마나 많았을까. 남병사영(南兵使營)이던 병영 평야에 경병사병의 조련소리도 그치고 그 뒤 수인산성(修仁山城)도 가을 단풍만 곱습니다. 소속을 장흥(長興)과 다루는 동남의 천관산에 흰 수건 쓴 호랑이 백주에 돌아다니시고 그 산 밑에 청자기 굽던 자리가 있습니다. 과학자들이 그 산 흙을 더러 가지러 오고 채굴 이상 금도 성행하오. 골의 주봉 보은산 우두봉(牛頭峰)에 가을의 정기인 듯 쫙 깔린 산국화를 깔고 앉아 사면을 굽어보면 일폭 산수도에 들어앉은 선인이요, 구강이 하얗게 흘러흘러 제주에 이름을 봅니다. 그대로 외줄기 봉을 타고 백두산 상봉까지 삼천리 기어오를 것 같소이다.

강진(康津)·해남(海南)을 아실 이가 드물지요. 경원(鏡源)·종성(鐘城)을 잘 모르듯이. 그러나 거기서 여기가 꼭 삼천리, 쩔웁고 좁아서 우리의 한이 생겼는 것을 더러 서울 친구들은 지도를 펴놓고 멀다멀다 오기를 무서워하나이다. 고향살이 십여 년, 옛날의 사향가(思鄕歌)·회향병(懷鄕病)은 찾을 수 없소. 오히려 멀리 타향가 계시는 죽마고우가 그리워지고 그리하여 등산대원이 차차 줄어드는 세상이 되고 보니 고향이랬자 쓸쓸할 뿐이외다.

올해도 강강수월래 씨름판을 못 설 겝니다. 이 가을도 쓸쓸하지요.

《朝光》1938년 9월

杜鵑과 종다리

　간밤 노름이 조금 지나쳤던 것이다. 새벽녘에 물그릇을 찾느라 더듬거리다가 빈 놋대접만 두어번 만졌을 뿐, 떠놓았던 물은 옆에 코고는 친구가 어느 새에 처분해 버렸던고.
　빈 그릇 들고 새암으로 허청걸음을 바삐 걷다 말고 나는 새 움 나와 하늘하늘한 백일홍 나무 곁에 딱 붙어서고 말았다. 내 귀가 째앵하니 질린 까닭이로다. 밝은 달은 새벽 같지도 않다. 좀 서운하리만큼 자리를 멀리 옮겼을 뿐 하늘은 전혀 바람과 공기가 차 있지를 않다.
　온전히 기름만이 흐르고 있는 새벽, 아― 운다, 두견이 운다. 한 5년 기르던 두견이 운다. 하늘이 온통 기름으로 액화되어 버린 것은 첫째 이 달빛의 탓도 탓이려니와 두견의 창연한 울음에 푸른 물 든 산천초목이 모두 흔들리는 탓이요, 흔들릴 뿐 아니라 모두 제가끔 푸른 정기를 뿜아 올리는 탓이다. 두견이 울면 서럽다. 처연히 눈물이 고인다.
　이런 조그만 시골서는 아예 울어서는 안 될 새로다. 와지끈 와지끈 깨어지는 고로 그 두견이 빚어낸 고사(故事)야 많다. 어려서 들은 글귀로 두견제 두견제 야삼경 화일지(杜鵑啼 杜鵑啼 夜三更 花一枝)란 것인데 첫날밤 동정 처녀가 서서 주고받는 대구로, 백구비사십리 파만경(白驅飛 沙十里 波萬頃)이라, 아마 남방 어느 시골서 그 동남정녀는 이 5월의 좋은 새벽을 한없이 즐겼던 것이다.
　두견은 후조라 이곳이라고 해마다 와 울어 주지는 아니한다. 5월에 와 우는 것이 특징이로되, 여러 해 만에 한 번씩 몰려와서는 봄내 울곤 여름이 거의 늦도록 우는 수도 있다. 그러므로 이 새벽같이 술 취했던 덕에 뜻밖에 그 첫소리를 듣는 수도 있지마는 거의 희귀한 노릇이다.

올해는 오긴 확실히 왔으니 가끔 울리로다. 이제 3경이니 4경, 5경도 잠은 고만이다. 그리고 저녁마다 새벽마다 매양 그 울음소리에, 잠자고 지내기는 틀렸나 보다.

이 봄은 아무 다른 이유 없이 그저 두견 때문에 밤잠을 잘 수 없게 된 셈이다. 밤잠 못 자고 아침 늦잠이나 좀 자질까. 그도 또 틀린 셈이니 두견은 황혼으로 새벽녘까지 울지마는 아침 날빛이 막 돋쳐 오르노라면 이놈은 바로 혼란스럽게 미칠 듯이 노래를 부르는데, 5월을 천하외물(天下外物)은 다 젖혀놓고 저 혼자 즐긴다는 듯이 노래를 퍼붓는 꾀꼬리. 시골이란 원체 숲이 많고 깊고 하여 그 숲은 그런 귀한 손들을 품에 안고 있는 것이 자랑이요, 숲을 의지하고 사는 시골 사람이야 새벽 잠, 아침 잠을 못 자기로 어디 원망할 데도 없는 처지라, 더러 낮잠쯤 자는 것이 흠될 것도 없다 하겠다.

5월은 두견을 울게 하고 꾀꼬리를 미치게 하는 재앙 달. 더러는 사람으로 하여금 과한 탈선도 하게 하지 않는가. 두견은 하늘을 액화시키고 사람들을 그 곳 신비한 심연에 허덕이게 하여 어디까지든지 인간적이라 들새로다. 오! 꾀꼬리야, 날 어서 데리고 가라, 네 고장이 어디고 꼭 있을 것이로다. 너도 후조로다, 까막까치같이 연중 뒤원에 있질 않고 이 5월에 오면, 여름 나고 조금 산들해지는 첫가을 들어 너는 늬 고장으로 가느니 그 고장이 어디냐. 늬 목청에서 피어나는 흰 구름송이 그 속이냐. 사람이 살지 않는 이른바 선경(仙境)이냐. 꾀꼬리는 두견과는 상극이라 전연 비인간적인 점이 우리 젊은 사람들의 꿈을 모조리 차지하고 있는 성싶다.

꿈이 없이 살 수 없는 사람. 흔히는 그 꿈의 날개는 현실의 모진

매에 후들겨 축 늘어진 바 되지마는 오늘은 모였다. 푸른 잔디 위에 나란히 누워서 쌍쌍이 노래하는 꾀꼬리를 듣고, 코를 찌르는 아카시아 고련근의 철맞은 꽃내음새를 숨막히도록 마시며, 꿈의 물결이나 흐르는 듯한 봄 하늘을 우러러보고 있지 않으냐.

오! 친구야. 현실은 무섭고 괴롭도다. 그렇기로 우리가 그 사이 하루 이 시간을 어찌 갖지 못하랴. 어디까지든지 현실은 무서워, 별이나 달이나 해나 그 꼴을 보고는 상을 찌푸릴 것인가. 현실이 무서웁다니 사람이란 창자를 왜 한 가닥만 가졌느냐. 단장(斷腸)할 것도 없이 변통(變通)하면 그만인 것을 이 세대에 태어난 불쌍한 천재들이 허덕이다 못해 모조리 변통하지 않았느냐. 그들이 백치가 아니므로 스스로 경멸하게 되고 스스로 뉘우치게 될 것이냐. 어디까지나 외가닥 창자를 두 가닥으로 변통해 쓰고도 의기양양할 것이냐.

5월이 되면 사람들은 좀더 멋대로 뛰고 싶고 제 몸을 좀 달리 만들어 보려는 염원에 타는 듯싶다. 바다에서는 돛 높이 달고 떠나 해방되고 싶고, 땅에선 높이 산봉우리 너 위의 구름 속이라도 들고 싶은 초탈욕(超脫慾)이 이는가 싶다. 사람으로 살려면 오로지 떳떳해야 시원하고, 그러려니 현실이 아프고, 그래 우리는 어린 자식들을 두고 차마 눈을 못 감고 가는 게지. 그 자식들의 세대는 어떠할꼬. 꾀꼬리의 종족들도 보아다고. 아배같이 아배같이 눈 못 감고 가던가를. 월계(月桂)·사계(四桂)·해당화, 각기 향함을 차고 향을 풍기는 꽃은 점이로다. 새순도 또한 점에서 비롯했으나 벌써 점이 아니요, 선이로다. 액이로다. 실개천인가 하면 푸른 강물이라, 이제 넓은 바다를 이루려고 한창 철철 흐르고 있는 신록 댓잎은 잎새마다 신구(新舊)가 서로 바뀌어지고 죽순은 지각(地殼)을 펑 뚫으려고 모든 힘을 한데 모아 대기하고, 칡덩굴을 배암같이 지긋지긋 얽혀진다. 암만 보아도 질서와 계약이 없는 성싶다. 암만 보아도 질서와 계약이 있는 성싶다.

5월의 훈풍이 어디서 처음 일어나는지를 나는 안다. 5월의 아침 아지랑이가 어디서 처음 깔리는지를 나는 안다. 돛은 유달리 희하얗고 산봉우리는 오늘밤에라도 어디고 불려 가실 듯이 아양에 차 있다. 천 이랑 만 이랑 보리밭이 한결 드흔들리면 이랑마다 이랑마다 햇빛이 갈라지고 쪼개지고 푸른 보릿대는 부끄러운 허리통이 드러나지 않느냐. 그 새에 5월의 종다리 산다. 5월도 늦어야 이놈이 노래한다. 물가에나 산골에서나 밭이랑에서나 각각 멋대로 사는 종다리. 밭이랑에서 사는 놈이 사람의 발치에 가장 많이 쫓기는 놈이다. 두견같이 서럽지 않고 꾀꼬리같이 황홀하지 않아 잔잔한 물소리나 다를 바 없는 그 노래는 가장 알맞은 이 5월의 표징이라 할 수 있다. 걸음을 멈추고 재재거리는 종달을 치어다본다. 워즈워드의 크게 느낀 바 밭이랑 가의 어린 소녀의 외로운 콧노래에는 내 아직 흥겨워 보지 못하였느니 키츠의 나이팅게일에 취한 까닭인가. 내 아직 사람이 덜 되고 만 탓인가. 대자연 시인 워즈워드, 소녀의 콧노래가 그다지도 흥겨워서 무비무상(無比無上)의 노래도 되었다는 것을 나는 지금까지도 해득치 못하고 있는 터이다.
　바닷종달은 돛을 따라 오르내리고 구름따라 숨고 날지마는 종시 노래를 멈추지 않는다. 무던히 재재거리기를 좋아한다. 그래도 들을 때마다 새롭지 않느냐. 내 연인이 일찍이 종달새같이 재재거리다가 내게 책을 들고 울던 시절도 이 5월, 둘이서 산봉우리 높이 앉아 석의(石衣)를 따담다가 재앙을 부린 것도 이 5월이로다. 온갖 풀내음새, 꽃향기에 숨이 막히어 걸음도 거닐 수 없는 5월의 골목길, 만나는 사람마다 부끄럼인지 기쁨인지 분명치 않은 태(態)를 하고 피하듯이 비켜 가면 아늑한 곳 잔디 위에는 제법 노름판이 벌어지고 장고를 쳐 흥을 돋우며 소리를 질러 명창을 뽐낸다. 웬만한 사랑간이면 반백 노인들은 모여 앉아 풍월 시조 풍류가 벌어지는 것을 보면 우리 고장은 모두들 태고인적 사람들만 사는가 싶다. 다듬이 잘된 모시 겹두루마기를 입고 걸음걸이도 태고인적 그대로 난간에 비껴 앉아 글을 읊는 광경은 이 고장 5월 풍경의 가장 높은 장면일 것이다. 모시 다듬이 옷맵시야 우리 의복 문화가 가장 자랑할 수 있는 것의 하나로다. 고아하고 아주 조선적인 것이 다른 비단옷이 감히 견줄 바 못 된다. 서울의 거리에서야 하루인들 그 고아한 태(態)를 보존할 수 있으랴. 먼지와 매연으로 덮어씌우고, 허드슨 링컨이 달리는 그 새에 그리 어울릴 수는 없으나 더러 길거리에서만 내뵈오면 천년 전 신라 양반이나 고려 양반을 대한 듯한 느낌에 위하고 아끼고 싶은 생각까지 든다. 아낙네들이 잔주름을 접은 연옥색 모시치마를 입으시고 골목길을 나서는 것을 대할 때 내 눈앞에는 저 멀리 하얀 산길이 굽이굽이 흔들려 들어오고 늘어진 버들가지 밑을 키 작은 나귀가 방울 달고 게을리 걸어가는 환영이 나타나서 바로 그 나귀를 잡아타고 어디고 가고 싶은 충동에 못 이기나니, 나귀를 타면 어디로 가랴. 그 댁 문전에 내 나귀 매일 수양(垂陽)이 있더냐.

이 철 5월같이 중고풍물에의 추모와 동경이 목마르도록 치밀리는 철이 또 있을까. 하는 수도 없다. 모시겹이나 다려 입고 버들가지 밑에나 서 볼까. 서투른 거문고나 타고 이 철을 보낼까. 경소년심(更少年心)하는 이 절기는 모든 사람의 축복을 받을 만하다.

《朝鮮日報》 1939년 5월 20, 24일

春 雪
───南方春信·1

　때마침 구정 초(舊正初) 보름 전이라 예년 같으면 지금 한창 설놀이에 날 가는 줄 모를 판이다. 안방에서는 윷판이 벌어지고 사랑방에서는 여러 가지 내기판이며 풍류 시조까지 떠들썩할 것이요, 마당에 모인 붉은 댕기들은 널판을 서넛은 갖다 놓고 어머어마 높이 뛰고, 고샅길에서 돈치던 놈들은 담 넘어 보려다 넘어지고 요새 밤같이 초생달이 차츰 커가노라면 남방(南方)에서는 가장 큰 설놀이라 할 줄다리기도 시작될 것이다.
　이유야 어찌 되었든지 금년부터는 시골서들도 양력과세를 안할 수 없게 된 관계로 실상은 음·양력간에 설 쇠는 것이 흐지부지가 되고 만 셈이다. 세말 정초(歲末正初)가 눈에 띌 만큼 번거롭지도 않았고 거리의 세배꾼이며 선산에 성묘꾼도 아마도 많았던 것 같다. 풍습과 기분이란 게 묘한 것이어서 먼저 설 때엔 잠자코 있던 축들이 이번 설에는 하고 잔뜩 벼르고들 있었던 모양인데 세찬(歲饌) 보름께쯤 시원한 눈이 척설(尺雪)이 넘고 그 위에 또 내리고 또 쌓이고 하는 통에 제법 말만씩한 놈들이 모퉁이에다 널판을 갖다는 놨으나 암만해도 뛸 수가 없어 한숨만 쉬는 것을 본다.
　눈도 눈도 첨 보았다. 남쪽엔 눈이 왜 없을 거냐마는 40년래 처음 보는 눈이라니 우리 눈알이 휘둥그래질 밖에 없다. 스키를 보내라, 전보를 친다. 스케이트를 K주(州)까지 사러 간다. 야단들이었다. 전보 주문이란 것이 그럴 법한 것이 이곳 눈과 얼음이 해만 번듯 나면 녹아 버릴 것이 정해논 일 아닌가. 척설(尺雪)이라 치더라도 흙이 따습더라도 완연히 따스울 것을 이곳 사람이 다 알고 있는 까닭이다. 더러 희한한 눈이 그렇게 내려서 스키가 뭔지 스케이트 맛이 어떤 것인지를 남방 사람들도 교습받을 필요가 없지 않다. 겨울에 화로를 모르고 사는 사람들, 장판의 방이 따습기나 했으면 마련 오줌도 참고 앉아서들 시조나 읊고 풍류나 좀 하면 몇 날 안 되는 겨울이라 어느새 가고 없다. 이번 눈통에 그래도 그 시조만은 재미를 본 셈이었다. '설월(雪月)이' 하든지 '적설(積雪)이' 하든지 도무지 실감있게 불러 보지는 못했을 축들이 요번에는 한량(閑良)은 둘째 치고 초월(初月)도 '설월(雪月)이'요, 산옥(山玉)도 '적설(積雪)이'다. 눈 설(雪)자는 시조를 모두 가리켜 내려는 것이다. 시조가 아니더라도 우리 말로 '눈' 하기보다 한자로 설(雪)자가 눈에 더 가까운 것도 같아서 '눈'을 넣어 시조를 주면 설(雪)자 넣어 달랜다. 눈이 쌓이고 있을 때 실컷 설자(雪字) 시조를 읊어 보자는 심사도 그럴 법히 여겨진다. 그 눈이 스키나 스케이트를 산 축들의 염려를 가라앉히지 못하고 그만 이번 비에 자취도 없이 녹아 없어졌다. 그럼 그렇지, 신문에 삼방(三防)과 금강(金剛)에 새로 강설(降雪)이 심하여 이제부터 스키가 시작될 것을 써는 놓았고 전보친 축들의 원망도 사주어야 될 법하다.

눈이 없을 적에 정초 비가 왔더라도 틀림없이 봄비의 맛이 나는 곳이라 반삭(半朔)을 넘어 천지를 하얗게 덮었던 눈 때문에 겨울도 지리하다는 감이 없지도 않았던 것을 단 하룻밤 비에 허망하게도 물러간 것이 겨울이요, 찾아든 것이 벌써 봄밖에 없다.

바닥이 따스우니 눈 속에서도 자랐을 것, 수선(水仙)은 한 치가 넘는다. 보리꾼은 호미로 캐어 죽을 끓일 만큼 소복소복 커올랐다. 봄이 풍기는 새파란 잎이 색깔이 벌써 들었고, 흙빛이 더 검어진 것이 분명하여 김이 솔솔 오르고 있다.

내 눈 감고 잠자리에 들어도 매양 슬프고 꿈이 오히려 서러운 때가 많아져서 아침이면 참새보다도 귀를 더 속히 뜨고 자리를 걷어차면 뒷산을 오른다.

오늘 아침은 이불 속에서 문득 김이 무럭무럭 오를 강물이 보고 싶어져서 그대로 내걷기 30분, 저자를 지나고 들을 지나고 강언덕에 나섰다.

강물은 앞산 얕은 봉우리를 돋는 햇발에 잠잠히 이는 물결뿐, 밤새 생긴 밤의 흐름이라 그럴 법히 어린 태가 돌고 무럭무럭이라기보다 그저 김이 서리는 정도로 서너 치 물김이 오르고 있다.

《朝鮮日報》 1940년 2월 23일

春　水
──南方春信·2

　　이 강물의 나이는 열 여섯을 잡을까. 더구나 오늘이 초여드레, 조금 물이 많을 리 없다. 바다는 바로 밑이다. 갖다 뵈면 쭐──따뤄질 성싶다. 큰 배가 들어올라치면 오늘 이 강물은 그 배가 다 마셔 버려도 마셔 버릴 듯 줄기 가늘다.

　　눈 녹은 뒤 초봄이 이 강물에서 얼른 보인다. 며칠 전까지 강가에 얼어붙었던 얼음장이 녹기에 이틀이 다 못 갔다. 오리 갈매기가 저 밑 바닷가로 몰리는 듯하더니만 우──하니 되돌아온다. 기고 날고 톰방거리고 강물이 너무 순해 보여서 그런 성싶다. 너무 허리가 늘어서 그런 성싶다. 그놈들이 아침 날빛을 좋아하는 것이 사람의 그런 정도가 아니다. 우리가 햇빛을 좋아한다는 것은 실상 그리 천연(天然)일 수가 없다. 보람이니 설움이니 건강이니 지지리 햇빛은 쌍화탕이나 다를 거 무엇이냐. 햇빛을 사람이 좋아하기로 아무래도 오리 갈매기보다는 하등열질(下等劣質)이다. 사람은 차라리 해를 등지고 사는 것이 옳은 일이 아닐까. 광명을 찾는다는 말부터가 따져 보면 수상하다.

　　물새와 햇발! 하루 한 시간이라도 좋으니 그렇게 즐겨 볼 수 있다면 세사(世事)를 돌이켜 생각해 보면 천리 만리로다. 그 사람들 틈에서 시(詩)가 어쩌다 생겨났는지 모를 일이다. 몇 세기에 한 사람 적선(謫仙)이 난다 하더라도 사람에게 큰 자랑이 아닐까. '베토벤', '모짜르트', '슈베르트', '쇼팽'이 났다는 것은 사람의 큰 자랑일 밖에 없다. 한 발 남짓을 넘는데 원근(遠近)의 왕래를 가지고 나룻배도 물 위에 떴다. 물새가 난다. 바다로 바다로 난다. 해가 오른 뒤 사람과 오래 사귀는 것이 위험함을 물새는 안다. 물결 하나 까딱 않는 강물, 나룻배는 잠잠히 오르는 물김만 헤치고 가며 오며 한다. 얼굴이 화끈해지는 것 같아 만지니 따스하다. 거울 있어 본다면 불그스레하리라. 아까 말한 건강이 다 이렇게 얻은 건강이 죄 될 것도 없으므로 우리는 감사할 것도 없이 그저 건강할 뿐이다.

발을 돌려 딛는다. 어느 해 이른 봄, 그 아침도 다 이런 아침이었으리라. 발을 벗고 사장(沙場)을 들어섰다가 몹시 차서 도망쳐 나온 일이 있었다. 겨우 봄맛 담근 강모래를 섣불리 다룰 것도 없다. 산은 모두 제 품 안에 지난 삼림암석(森林岩石)을 다 드러내어 보이고는 있지마는 저마다 얼굴은 환히 드러내지 않는다. 더구나 기압의 탓인지 극히 엷은 안개가 이 골짝 저 골짝에 얕이 몰려 있는 초봄인 듯한 숫스런 태와 간지러움까지 가벼이 싣고 있다. 몇 날이 못 가서 벗어질 어린애 낯에 솜털이 아니냐.

비로 쓸 것도 없다. 박사(薄紗)로 가리워진 명모(明眸)로 하여 우리는 마음 더 설렐 수가 있다. 아까 지나던 저자가 거진 다 헤어진다. 그 아낙네가 찬물에 들어 깊이 든 조개를 잡을 수는 없었다. 굴(석화)도 그리 흔할 수는 없다. 누구 하나 이 아침 옷 속에 손을 여민 이가 보이지 않는 것이 시렵지 않은 탓이다. 저자꾼이 온통 아낙네들인데 추워 뵈지를 않고 활발하다. 앞으로 추위는 없다는 것쯤 다 알아차린 까닭이다. 한낮쯤 하여 의자(椅子)를 미나리 방죽과 볼통갓 동바를 내려다보고는 코트 위에다 놓고 잠잠하고 따스한 날빛을 수북이 받으며 앉았다. 봄동은 눈에 눈되고 비에 씻기웠으나 외려 더 싱싱하고 탐스럽고 번듯한 품이 생으로 뜯어먹음직도 하다. 요새 미나리가 얼마나 미각을 당기는가, 고속(故俗)을 떠나 서울에나 사는 친구에게 물어 본다면 그는 금방 헛바닥에 침이 돌리라. 그 미나리가 자라기 서너 치보다 더 자라면 캐어 먹는 미나리가 아니라 베어 먹는 미나리가 된다. 맛이 떨어질 것은 물론이요, 운치가 있을 턱이 없다. 미나리 봄동이 정초부터 밥상에 오르는데 봄동이 더 전동혹한(前冬酷寒)으로 실수(失手)될 수가 있으나 유자(柚子) 내가 퍼렇게 사흘 동안 언제고 우리의 진미가 아닐 수 없다.

《朝鮮日報》 1940년 2월 24일

春 心
────南方春信·3

 이 고샅 저 골목에 아낙네들의 웃음소리가 유창하다. 정초 나들이에 길거리서 잠깐 만나 인사하는 소리만도 아니다. 웬 음성을 그리 높이 낼 리도 만무하다. 음향이 봄기운을 타는 것이다. 횡횡 울려난다. 어린애들은 벌써 츰내(호도기)를 만들기로 댓가지를 부러뜨린다. 더 일찍 아는 것 같다. 뒷언덕에 산소나 물그대로 의자(倚子)를 만들고 흥청거리면서 늬나늬 늬나누──를 분다. '어─허 참', '잉─이' 하는 소리가 윗댁(宅)에서 들려 나온다. 사이좋은 고부(姑婦)간의 살림 수작이 그러하다.
 전라도서도 이곳 말이란 것이 처음 듣는 이는 아직 말이 덜 되었다고 웃고, 자주 듣는 이는 간지러워 못 듣겠다고 얼굴에 손까지 가리운다.
 시인 C는 감각적인 점에서만도 많이 잡아 써야겠다고 한다. 통틀어 여기 말이 토정(吐情) 같으나 타도(他道) 말인들 의사 표시에 그치기야 하느냐마는 보다 더 토정일 것 같다. 우리가 등이 가려우면 긁고 꼬집으면 아야야를 발음하는 것과 그리 거리가 없는 말일 것 같다.
 여자의 말이 더욱 그러하다. '잉─이응─오' 하는 부정어가 어디 또 있는가.
 길거리에서 떠드는 말소리가 공중으로 휙 날아 들어온다. 봄이 아니고야, 봄이 아니고야 그럴 수 없다. 바람이 댓잎 끝을 새어 나오는데 끝이 다 퍼져 버려서 말소리가 타고 오는 것일까. 어디 그뿐

이랴, 장차는 산골짜기마다 찾아가서는 그 간질간질한 안개 아지랑이를 이리 몰고 저리 몰고 다닐 바람이다. 그러노라면 안개 아지랑이 멋지게 계곡에 숨을 날도 앞으로 며칠 아니다.

멋이란 말에 언뜻 생각키우는 것이 지용의 '멋'이다. 호남 해변에 가객기생(歌客妓生) 사회를 중심으로 멋이 발전했을 것 같다고 하여 서경 시문(書經 詩文)에서 보는 것은 멋이 아니라 운치(韻致)라 하고 멋은 아무래도 명창 광대(名唱 廣大)에 물들어 온 것 같다고 하였다. 시문이 운치와 맛이 어떻게 틀린다는 것을 얼른 말하기는 좀 어렵겠으나 명창 광대께서 멋이 물들어 온다는 것은 수긍할 수 없는 말이다.

선비에게서 광대 명창이 멋을 배우려 애를 써도 격을 갖추지 못하고 떨어지는 수가 많기 때문에 흔히 그들은 신멋을 범한다. 그러고 보니 죄가 멋에 있지 않고 사람에게 있다. 격 높은 평조(平調)한 장(章)을 명창 광대가 잘 해내지 못하는 것을 보아 알 수 있다. 노래를 밋지게 부른다는 것과 그 양반 멋있다는 것과는 전연 말뜻이 틀린다는 것이다. 관북 관서(關北 關西)의 친구를 많이 아는 우리는 지용의 멋있는 훌륭한 시품(詩品)도 알 만하다. 수심가나 근대 일찍 육자배기가 퇴폐적일지는 모르되 남도 소리에 대한 지용의 견해엔 좀 승복치 못할 점이 많다 하겠다. 멋이 소리에만 있을 바 아니거니 운치에 무릎을 꿇어놓은 것이 부당할까 생각한다.

선비 가객이 소위 신멋을 범치 않음을 보라. 멋의 항변이 길어졌으나 지용은 평양서 멋진 기생을 못 만나 보신 듯하다.

코트 바닥은 내일쯤은 백선(白線)을 그을 만하게 습기가 걷혔다. 정연히 라인을 그어 놓아도 난타(亂打)라도 할 벗의 흰 운동복이 되었을까. 사동을 보내 둔다. 론 테니스, 내 청춘의 감격이 무던히 바쳐진 론 테니스, 흰 라인, 하얀 네트, 흰 유니폼, 하얀 볼, 봄볕에 그들은 발랄하다. 라켓 든 손을 흐르는 혈조(血潮), 1초 전에 만들어진 정혈(精血)이리라. 페어플레이의 정신을 나는 론 테니스에서 얻었다 함이 솔직한 고백일 것 같다. 사동이 모래와 흙을 파들여 온다. 화단에 신장(新裝)을 시작한다. 이 구석 저 구석 모여 있는 낙엽은 한번 진 채 겨울을 났다가 이제야 쓸리운다. 화단에 구르는 낙엽은 겨울의 한 운치임에 틀림없다. 후엽(朽葉)을 추려 보니 몇 종류 안 된다. 동청(冬靑)의 표(標)가 안 붙어 있는 초화(草花)가 이곳에서는 곧잘 그대로 동청(冬靑)한다. 흙을 새로 깔고 잔디를 떼어다가 선을 두르고 화단의 흙을 만지며 떡 고물 가을 감(感)이 난다.

《朝鮮日報》 1940년 2월 27일

垂　楊
──南方春信·4

　동백(冬柏)은 잎마다 소복소복 햇발을 지니고도 성하게 푸르다. 양지쪽이면 이 그믐께 그 싱하게 붉은 꽃도 터져 나오리라. 하늘에 총총 박힌 별이 모두 진홍일진대 우리의 마음이 어떨꼬. 동백꽃은 숲이 그 가슴에 꼭꼭 박아놓은 붉은 별들이다. 떨어지는 날은 비창(悲愴)할 수까지 있다.

　돌담에 얼크러진 연한 뿌리를 찾아낼 수가 없다. 잡초라 무심히 메일까 두려워 그리 깊이 간직했는가. 잡초는 그대로 있을 데 있어 좋아 보이고 어울리거늘.

　금렵구(禁獵區) 안의 참새떼들이 오늘은 유난히 재재거리는 것이 마치 아침 저자에서 나던 소리다. 심동(深冬)을 삼경사경(三更四更) 흉하게 울던 올빼미놈이 줄기만 앙상하니 뻗어 있는 기평 나뭇가지에 멍하니 앉아 까치의 조롱감이 되고 있다. 퍽은 어리석어 보이는 귀 달린 새, 고놈이 밤중에 쥐를 잡아내는 품이 고양이와 다를 게 없다. 눈과 귀가 그 소리와 같이 흉하게 된 새다.

　원적(原籍)과 거주계(居住屆)가 다같이 이 금렵구 안에 있는 까마귀떼. 이번 큰 눈에 산과 들에 먹을 것을 못 찾고 구장(區長)의 남향 초가지붕을 마구 헤치는데는 긴 간짓대로 날키러 다니는 수밖에 없었다. 좀해서 날아가려고도 않는 것을 보면 검은 까마귀도 그리 미울 것도 없어 파도 안 나오면 갈 것을 기다리기로 한다.

　큰 기평나무 세 그루가 그들 백자천손(白子千孫)의 보금자리요, 큼직한 대삽이 그들의 안방이다. 대가족주의가 반포효도(反砲孝道)

에서 생겼거니 싶어 은근히 경의를 표할 때도 없지 않다.
 까마귀까지 참새는 이 금렵구에서는 개 닭보다도 나와 사이가 가까웁다고 해야 옳은 말이다. 개 닭을 여러 번 죽인 뒤 더 안 치는 까닭도 있지만 근본의 벽이 없어 잘 치지를 못한 때문이다. 참새는 내 섰는 앞 일채창(一采窓) 안에서 아무 위구심도 없이 예사 잘들 돌보면 작은 미물이지만 관심이 아니 갈 수 없다. 해조(害鳥)의 낙인이 찍힌 탓으로 더러 그것들의 발목이 베어지는 것을 보고 젊은 주인은 이 터 안을 금렵구를 만들었던 것이다. 그 뒤 소년 총사(少年銃士)는 물론 실없는 놈팽이 이사(狸師)들도 접근을 안 시킨다.
 텅 빈 하늘빛은 비로 쓸 만치 뿌옇다. 몇 날 안 가서 보드레한 에메랄드가 깔릴 것을 생각한다. 아무래도 수양(垂楊)이 초봄의 초신호(初信號), 부는 듯 마는 듯한 미풍에도 설레나니 기어코 파르스름한 초봄을 적시고 만다. 앞으로 5, 6일이다. 하루 한 번씩 수양을 바라보아 봄의 숨소리와 걸음걸이를 뒤따를 수 있다. 이 몇 날이 가장 중요한 봄의 생리(生理) 기간이라 이 동안만은 점심을 굶더라도 지켜야 한다. 수양의 생리를 지켜야 한다.
 처(妻)가 나들이를 차리고 나선다. 이건 남의 옷, 모자까지.
 "왜 또 이러오?"
 "K주(州)를 같이 가실거나. 중(重)이한테를 가실거나."
 "마음을 그만 가라앉히래두."
 "오늘은 꼭 가겠어요."
 작정을 단단히 한 셈 같다. 중(重)이를 그 눈 속에 묻고는 나만 한 번 눈을 헤치고 가 보았지, 처는 핑계핑계하여 못 가게 해놨던 것이다. 날씨가 확 풀린 봄이요, 중이 생각이 불현듯 치밀어 나선 사람을 막을 수도 없고 하여 K주(州)는 작파(作罷)하고 중이를 찾아가기로 한다.
 3마장 논둑길, 별로 말도 없이 간다.

"울지 말우."

대답이 없다.

"울 테요."

벌써 처의 안면(顔面) 근육이 이상스러진다. 다행히 논두룩에 아직 일꾼은 안 나오는 때니 들킬 것은 없지만 자식을 묻고 뫼 찾아가는 우리 내외를 먼 빛으로도 짐작할 수도 있는 처지라 시하(侍下) 사정도 있고 남의 눈에 뜨일 것이 좋을 것도 없고 하여 첫번은 내 혼자 다녀왔던 것이다.

중(重)이 생각이 나는가 하면 중이 그 두 눈이 먼저 보여져서 아찔해진다. 살리어 주기를 애원하는 두 눈, 중이는 특히 두 눈이 잘 생겼던 아이다. 10년 전에 처음 둘째아이를 놓쳐 봤고 이번 중이를 보내는데 간(肝)이 어찌 안 썩고 있는지 모르겠다. 사람의 죽음 중에 영아(嬰兒)의 죽음이 가장 불쌍하지 않을까.

나도 눈물을 좀 냈다. 처는 목이 메이었다. 중이가 묻히던 밤, 반시간 앞서 큰 눈이 내리기 시작하여 두 주일 동안 천지가 눈으로 덮여 버렸으니 죽은 애가 척설(尺雪) 그 밑에 꽁꽁 언 땅 속에 그대로 눈물 내고 보채고 하는 것만 같아 안타까울밖에 없다.

이번 갔다 오면 처도 웬만히 잊을 터이다. 그러므로 어린애 죽음이 더 불쌍하다. 두 번을 다 아이를 놓치고 나면 봄이 찾아오게 된 탓으로 항상 마음이 서언하다.

《朝鮮日報》 1940년 2월 28일

朴龍喆과 나

1 朴龍喆 全集 1권 後記

　용철(龍喆)이, 용철이, 다정한 이름이다. 스무 해를 두고 내 입에서 그만큼 많이 불려진 이름도 둘을 더 꼽아 셀 수 없을 것 같다. 20년 후 처음으로 벗을 알게 되면서부터 그 이름을 부르기 시작하여 나는 여태껏 가장 허물없고 다정하고 친근하고 미더운 이름으로 용철(龍喆)이, 용철이, 불러 온 것이다.
　아! 그가 영영 가 버리고 만 오늘 나는 그대로 그 이름을 자꾸 불러 보아 오히려 더 친근하고 다정하여 혓바닥에 이상한 미각(味覺)까지 생겨나는 것을 깨닫나니 아마 내 평생을 두고도 그러 아니치 못하리로다. 용철이, 용철이, 서로 이역(異域) 하늘 밑에 서툰 옷들을 입고 손을 잡아 아는 체하던 바로 그때부터 가장 가깝고 친한 사람이 되었었고 한솥에 밥을 먹고 한이불 속에 잠을 자고 한책을 둘이 펴던 시절이 무던히 길었었나니 실상 벗은 그때 아직 문학(文學)이니 시(詩)니 생각도 않던 때 내 공연히 벗을 끌어들여서 글을 맛붙이게 하고 글재주를 찾아내려 하였던 것이니 지금 생각해 보면 나는 일생에 큰 죄를 지어논 듯싶도다.
　벗이 학원(學園)의 수재(秀才)로 이름이 높고 특히 수리(數理)의 천재로 교사의 칭찬이 자자하던 때 나는 작은 악마와도 같이 그를 꾀여내어서는 들판으로 산길로 끝없이 헤매이었던 것이다. 친한 벗이 끌어당기면 하는 수도 없었던가, 강남(江南)도 가지 않았느냐?

언덕에 송아지는 어미 팔아서 동무 사달라 한다지마는 내 벗 용철(龍喆)이가 수학(數學)을 팔아서 동무를 사 놓고 보니 아무짝에도 못쓸 놈이었던 것이다. "윤식(允植)이가 나를 오입(誤入)을 시켰다"는 말버릇을 최근까지 장난삼아 한 적이 있으니 과연이냐, 벗아 문학은 벗의 제2의적(第二義的)인 인생 부문(人生部門)으로 누리어도 좋았던 것일까? 더구나 벗이 이리도 일찍이 가버리시니 긴 평생을 두고 걸어서 대성을 꿈꾸던 그대와 나의 한(恨) 중의 한이 아닐 수 없도다. 벗과 서로 시골살이를 하여 백여 리 길을 새에 두고 가고 오고 하던 시절, 벗은 시(詩)를 비로소 씹어 맛보시더니 불과 몇 날에 천균명편(千鈞名篇)을 툭툭 쏟아내지 않았던가!

벗의 문학은 그 다음이라 치더라도 벗의 시(詩)는 완전히 그 고향살이 30년새에 이룬 것이다. 일가(一家)를 이루어 세상에 나서기까지 벗의 유일한 글벗이었던 나는 벗의 시업 수련(詩業修練)의 도정(道程)을 가장 잘 살필 수 있는 백여 통의 편지 뭉치를——연서(戀書)같이 보배같이 아끼고 간직해 온 뭉치——벗이 살아 계실 때나 가신 오늘도 가끔 풀어서 읽어 보아 아기자기한 기쁨을 맛보는 버릇이 있지마는 실로 한 시인이 커날 제 그이만큼 부지런하고 애쓰신 이도 있는가 하여 새삼스레 놀라는 것이다. 스스로 내놓으신 명편 가작(名篇佳作)을 그는 매양 사양하고 부족히 여기던가 하면 남의 시(詩) 한 편을 붙들고 그렇게 샅샅이 고비고비 뒤집고 파들어 가서 완전히 알아버리고 맛보아 버리던 천재형(天才型) 머릿속에는 이 세상의 이른바 명시(名詩)가 거의 다 한번에 노래하고 춤추고 있었던 것이요, 그리하여 그의 시의 수준은 속에서 크고 남이 알 바 아니었으니 일조일석(一朝一夕)에 웅편(雄篇)이 쏟아져 나옴도 괴이치 않은 노릇이로다.

오늘날 우리 시원(詩苑)의 명화(明花)요, 또 유일한 시론가(詩論家)로의 지위를 점(占)하여 그만한 담당(擔當)을 쾌히 해내려 온 것도 결코 우연한 일이 아니요, 옛날의 수학(數學)을 아주 팔아 없앴음이 아님을 알 수 있으니 내 속죄도 좀은 되었다 할까. 20전에 어느 자리에서 문학을 경멸해 버린 일이 있었던 그 때가 바로 얼마 전 10년을 더 살자, 시를 위해 10년을 더 살자, 하지 않았던가. 음향에 귀가 어둡다고 못마땅해 하던 벗이 넉넉히 시구(詩句)의 음향적 연락(連絡)을 한번 캐어 보고 다 알지 않았던가. 자신 비정서적(非情緖的)임을 한탄하시면서 어쩌면 그리도 넉넉히 지용(芝溶)의 「유리창」을 샅샅이 캐고 해석할 수 있었느냐.

아! 벗이 가신 뒤 또 그만한 일을 우리를 위해 해 주실 이 어디 있단 말이냐. 오늘 우리의 시원(詩苑)은 한 시인의 죽음으로 두 가지의 크나큰 손실을 입은 바 되니 어찌 통탄 아니하랴. 혹은 모른다. 벗은 그 특이한 천재가 오히려 그의 창작을 괴로웁게 하지 않았는가?

그러나 우리는 그의 「떠나가는 배」와 「밤 기차(汽車)」 두 편만 읽을 수 있더라도 그런 재앙은 애당초에 받지 않았음을 알 수 있다. 그의 어느 시 한 편이고 이른바 단명적(短命的)인 구(句)가 아닌 것이 없었지마는 그리하여 오히려 시로서 아름다웠던가! 이 두 편 시는 시인 용철을 말할 때뿐 아니라 통틀어 우리 서정시를 말할 때 반드시 논의되고 최고의 찬사를 바쳐야 될 걸작이라 할 것이다.

벗의 전기(傳記)를 쓰는 바 아니매 이 두 편이 나오던 시절 시인이 겪은 고민이며 내지 생리까지를 말하기에는 나로서는 첫째 눈물이 앞서 못할 일이니 그만두기로 한다.

벌써 10년 전 일이로다. 우리는 서울로 지용(芝溶)을 만나러 왔었다. 그렇다, 순전히 지용을 만나러 왔었다. 지용을 만나서 셋이서 일어서면 우리 서정시(叙情詩)의 앞길도 찬란한 꽃을 피게 되리라는 대망(大望)! 썩 가상(嘉賞)치 않았느뇨. 그때의 지용은 벗 용철과 같이 살도 변변히 찌질 못하고 한방에 앉아 있으면 그 마른 품으로 보든지 재조(才操)가 넘쳐 뵈는 점으로 보든지 과연 천하의 호적수(好敵手)로 여겨지던 때이다.(그 뒤 지용은 뚱뚱해지고 용철 벗은 더 야위어만 갔다.) 물론 지용과는 둘이 다 초면(初面), 그 초면이 하루에 1년, 열흘에 10년의 의(誼)는 생겼던 것이다. 그 뒤의 양우(兩友)가 얼마나 우리 시를 위하여 애쓰신 것은 다른 벗들이 다 아시는 바이다.

나는 막역(莫逆) 용철을 생각할 때 그 천생(天生) 포류(蒲柳)의 질(質)임을 이기고 어쩌면 그렇게도 굳세게 시(詩)에의 신념을 가질 수 있었는지 부러워하며 진실한 시의 사도(使徒)이니라 여겨 왔었다. 내 가끔 자기(自己) 시(詩)에 실망하여 지치려 할 때 벗은 과한 격려로 붙들어 주고 내 자유시의 이상(理想)으로 한 시는 한 시형(詩形)을 가질 뿐이라는 엄연한 제약을 세우고 안 씌어진 시형(詩形)을 이루기 전의 시, 오직 꿈인 양 서리는 시를 꿈꾸고 진정 시인은 시를 쓸 수 없어도 좋으리라고까지 떠들지 않았던가. 벗은 내 허망된 소리에 열 번 지지를 표명하여 주셨으니 그리함이 나를 건져 주는 좋은 방법도 되었던가, 아!

어려서 한솥밥, 한글방 친구가 나이 먹어 가며 가장 가까운 시우(詩友)가 되고 보니 나는 이에서 더 행복일 수 없었다. 그리하여 이제 나는 완전히 박행(薄幸)한 사람으로다. 아! 이 한(恨)이 크도다. 그 아침에 춘장(椿丈)을 뵈옵고 기쓰고 침착하려던 것이 끝내 흐느껴져서 울음이 터지고 벗을 땅 속에 깊이 묻고 밤중에 산길을 쳐서 내려오던 때 몹시 쏟아지는 눈물에 발을 헛딛던 일을 생각하면 벗이 가신 지 겨우 한철이 지난 오늘 이러니저러니 차분한 소리를 쓰고 있는 것이 내 자신 무척 우습고 지극히 천(賤)한 노릇같이 여겨진다. 일찍 처(妻)를 여의어 보고 아들도 놓쳐 보고 엄마도 마저 보내 본 나로서는 중(重)한 사람의 죽음을 거의 겪어 본 셈이지마는 내가 가장 힘으로 믿던 벗의 죽음이라 아무리 운명이라 치더라도 너무 과한 노릇이 아닐 수 없다.
 영결식(永訣式)이 끝난 뒤 지용과 단둘이 나중에 남았을 때의 호 젓함. 남은 둘의 심사(心思)야 누구나 알 법도 하지마는 "이번은 거꾸로 가지 말고 내 먼저 갈걸, 처음부터 거꾸로니 내 먼저 가지" 이런 문답(問答)을 한 일이 있다. 아무래도 좋은 말이다. 벗을 불렀자, 대답 없는 세상 아니냐. 온갖 다 그릇된 세상 아니냐. 벗이 이제 시왕(詩王)이 아니시니 또 누가 "훈공(勳功)에 의하여 너를 원로(元老)를 봉(封)하리"요. 슬픈 노릇이다. 아들을 가장 잘 이해하시는 어버이가 계시고 그 밑에 현부인(賢夫人)이 계시도다. 벗아, 눈을 감으라. 세 아들은 삼태성(三太星)같이 빛나고 있나니 생전에 지용과 내 그다지도 권하여도 종시 거절하던 그대의 작품집이 이제는 유고집(遺稿集)으로 누구의 거절도 없이 우리의 손으로 쩨여나오도다. 그대 그 몸 해가지고 무던히 많이 써 놓았던 것을 누가 알았으랴. 가장 가까운 부인도 놀라시지 않느냐. 캘린더 종이조각에 끄적여 둔 것을 주워 모아도 일품(逸品)이요, 휴지통에서 건져낸 것도 명편이로다. 태서명시(泰西名詩)의 역출(譯出)한 분량을 보고 누가 안 놀랄 것이냐. 아무튼 그대는 너무도 몸을 학대 혹사하여 아낄 줄을 몰랐느니라. 너무도 일밖에 몰랐느니라. 아! 그대의 가심을 서러워하고 통곡하고 말 것인가? 나는 그대 가심을 원망까지 않을 수 없다.

(戊寅 10월 벗의 전집(全集)이 나는 날 영랑(永郞) 씀)

2 朴龍喆 全集 2권 後記

 대정(大正) 12년 용아(龍兒)의 동경(東京) 생활이 진재(震災)로

하여 중단케 됨에 그는 자랑스럽던 외어(外語)의 멋진 휘장도 떼어 버리고 서울도 벽촌(僻村) 냉동여사(冷洞旅舍)에 몸을 붙였었다. 연전(延專)을 다니는데 그때 용아의 말로 하면 위당(爲堂)과 일성(一星) 고(故) 이관용(李灌鎔) 선생의 시간이 좀 재미난다고 시골 있는 나에게 더러 글월이 있곤 했었다. 위당께 시조(時調)를, 일성께 독일어를 자택에 가서 배우고 있었던 것 같다.

동창이요 친우인 고(故) 염형우(廉亨雨)의 소개로 고(故) 윤심덕(尹心悳) 여사를 알게 되고 피아노의 김영환(金永換) 씨도 알게 되었는데 더러 내가 만나려고 냉동 가면 김씨댁에서 피아노를 배우고 있는 때가 많았다. 윤씨와의 우의(友誼)가 상당히 깊었던 것은 윤씨가 그리 된 뒤도 가끔 윤씨의 가족들을 찾는 것으로 보아 알 수 있었다.

연전(延傳)의 학우로는 염군(廉君) 외에 허연(許然) 씨, 노진박(盧鎭璞) 씨들도 기억이 된다. 이듬해 대정(大正) 13년부터는 학교래야 별로 가는 깃 같지 않았고 내가 동경(東京)서 방랑하고 있던 터이라 나의 감상주의(感傷主義)와 문약(文弱)을 비난하는 강경한 글월과 금강산(金剛山) 여행을 처음 하고는 그 풍화(風化)된 산석(山石)을 자기는 무슨 미화(美化)나 시화(詩化)하는 사람이 아니요, 헤겔이 별 총총한 밤하늘을 외려 더럽게 보던 것같이 금강산도 냉정히 보고 왔노라고 길게 써 보내온 일이 있었다. 나로서는 용아가 문학을 읽어 시, 시조까지 어느 정도를 이해하는 처지임을 아는지라 그가 헤겔의 후생(後生)이 되는 것은 모르되 단순한 이과계통(理科系統)의 학도가 되어 버리기를 원치 않았었다. 더구나 그의 재조(才操)가 아무것이나 하면 되는 사람임에서랴. 연말에 서울 와서 같이 하향하였는데 어쩐 일인지 용아는 나만 만나면 문학에로 문학에로 물들어 간다고 이놈아 나를 오입(誤入)시키지 말라고 그때부터 하던 말버릇이었다.

대정(大正) 14년 봄, 일찍 상경하여서는 물론 학교는 집어치웠는데 이 사람 냉동 집에서 참으로 독학(獨學)을 시작하였다. 문학서(文學書)의 사독영어학독일어(肆讀英語學獨逸語) 공부. 실로 무서운 근공(勤工)이다. 여름까지 유경(留京)코는 하향하였지마는 벌써 단기간이라고는 하나 그때 초잡은 공부가 익(翌) 십오 년 또 다음해 봄까지 집에서 그대로 계속하였고 얻은 것이 위병(胃病)이었다. 그래서 삼방(三防)을 갔다. 삼방서 화전(和田)이라는 미인을 만났는데 만일 그가 일찍 단념치 않았던들 우리 용아는 과연 무슨 방책이 있었을지 지금 생각해 보아도 미소를 금치 못한다. 이당(以堂) 김은호(金殷鎬) 화백(畵伯)도 삼방서 알아진 이요, 그 뒤로 여러 해 친교가 있었다. 그 해 가을에 영랑과 금강산에 갔는데 위병(胃病)이 재발하여 급거 귀경(急遽歸京)해 버렸지마는 그 위병 그놈이 용아를 요절(夭折)케 한 원인임에 틀림없다. 서울 와서 평동여사(平洞旅舍)에서 영랑과 한방살이를 했었는데 매일같이 본정 이견옥(本町二見屋)이라는 다점(茶店)에 다니기와 가끔 술마시고 종로 대로를 떠들고 다녀도 거리낄 것 없었던 시대인데 한편 주의자(主義者)의 접촉이 심하기도 했지마는 용아의 문청(文靑) 시대는 확실히 그때가 아닌가 싶다.

연말에 하향하여 그대로 꼭 들어박혀 1년 반 용아의 시낭(詩囊)은 충실하여졌었다. 그 동안에 산홍(山紅)이란 기생과 제명(除名)을 날린 일이 있었지마는 대단치 않았었고 오히려 용아의 대표작인 시품(詩品)은 전부 쏟아져 나왔었다. 프로 시(詩)니 무산문학(無產文學)이니 세상은 시끄럽고 하던 그때 말하자면 조선시의 정통을 찾고 발전을 바라야 신흥 조선문학이 세계적 수준에까지에라는 이상(理想)이 순수시지(純粹詩誌)를 계획케 하였던 것이니 소화(昭和) 4년 추(秋)에 상경하여 지용(芝溶)과 합작하고 창간호 나올 임시에 조선적 대사건(大事件)이 폭발하여 중지하고 익춘(翌春)에 창간호는 나왔었다. 옥천동(玉川洞)에 자취집을 정하고 현(現) 미망인(未亡人) 매(妹) 봉자(鳳子) 씨 등이 지어 주는 밥에 몸소 찬물을 달고 아궁에 불을 넣고 단순히 생활 그것만도 유쾌하였을 것이다. 양심적인 시우(詩友)는 찬동(贊同)하여 모이고 《시문학(詩文學)》은 지금까지의 어느 책보다 깨끗이 무게 있게 만들어져 나오고 용아는 평생 처음 부딪치는 격정에 자기 스스로 축복됨을 느꼈을 것이다. 옥천동 시대는 짧은 용아 일대(一代)에 특기해야 될 시대인가 싶다.

가을에 친우 염군이 작고(作故)하여 용아는 크게 슬퍼하였다. 가을에 견지동(堅志洞)으로 옮겼는데 《시문학》은 그때에 2호밖에 못 냈었다. 원고난(原稿難)이었다. 12인 왕성히 시작(詩作)을 발표한 단 개인지(個人誌)를 바랐을 바 아니고 의미도 없는 노릇이다. 도시 그때 정세의 탓도 있지마는 동인(同人)들이 편집의 수준을 너무 높여 놓은 잘못도 있다 할 수 있는 동인의 누구나 다 아직 순진한 처녀들이었음이 죄라 하면 죄일밖에 없다.

(1월 31일 永郞記)

人間 朴龍喆

　용아(龍兒)가 작고(作故)한 지도 이미 일년유반(一年有半) 햇수로 날짜도 얼마 오래 되었다고야 하겠느냐마는 봄철 가을철 철따라 서울을 올라가서 마음껏 몇 날씩 즐기고 돌아오던 일을 생각하면 벌써 작년 봄을 최후로 그의 음성을 못 듣고 그의 모습을 못 대한 지가 퍽이나 오랜 옛날같이 여겨진다. 옛사람일수록 길어지는 가을! 작년 가을만 해도 바로 벗이 거거(居據)하던 두간방을 내가 혼자 쓰면서 그의 손때 묻은 종이 조각을 주무르며 유고(遺稿)를 정리하노라 하였으니 오히려 벗은 내 곁에 있는 성싶었고 유아(遺兒)들을 어루만지며 벗의 모습도 대하는 양하였다.
　이 가을 들면서부터 울적 생각히는 것이 벗이요, 귀에 앵—도는 것이 그의 음성인데야 묏할 때 참으로 못 견딜 만큼 세상이 허무해지고 고적해진다. 가는 마음이 없고 오는 마음이 없으니 허무하고 고적할 밖에 없다. 벗과 사귀어 20년 서로 거슬림 없었던 사이 이젠 때때로 떠오르는 면영(面影)을 행여 사라지지 않게 생각을 모두어 명상에 잠기곤 한다. 용아가 아직 중학생 때 동반(同班) 우리 학생들의 시회(詩會)(?)가 열렸던 석상(席上) 어느 동무 하나이 즉흥으로 "푸른 하늘에서 하얀 눈이 내린다" 하였을 때 벗은 그 동무를 바로 보고 "눈이 내리는데 하늘이 어찌 푸르오" 하자 좌중은 웃음이 터진 일이 있었다. 시구(詩句)가 되었든 안 되었든 그것을 캐는 것이 아니었다. 푸른 하늘에서 눈이 내릴 리 없어서 그런 질문을 한 것뿐이다. 4년 때에 일고(一高)에 실패하고 5년 마치고 외어독어부

(外語獨語部)에 무난히 들었는데 5년 때 괴테, 하이네를 처음 읽은 탓으로 괴테 때문에 외어독어부(外語獨語部)를 들었노라고 나에게 뽐낼 때에는 제법 문청(文靑) 같은 소리를 하는 것 같아서 장해 보였다. 딱한 가정 사정으로 외어(外語)는 그만두고 서울 와서 연전문과(延專文科)에 적(籍)을 두고 1년간이나 지내는 동안 그의 문학도 본격적으로 들어갔을 때였다.

  소설을 쓰고 희곡(戱曲)을 쓰고 소품(小品)을 해보고 하였다. 윤 ○○양과 피아노 건반 위에서 얼크러진 상사(相思)(?)도 그때였고 위당(爲堂)댁에서 수주(樹州)에게 절을 받은 것도 그때었다. 「개」라는 소품(小品)이 수주 맘에 퍽 좋았던 것이라. 그 기벽(奇癖)이 절을 나뿐히 했던 것이다. 수주는 그때 바로 명시집『조선(朝鮮)의 마음』을 세상에 묻고 의기양양하던 시절, 절도 그럴 듯이 나온 셈이다. 학교에서는 위당(爲堂)의 총애를 받은 것이 사실이니 학생 박군 집에 자주 들러서는 고사고문학(古史古文學) 이야기를 잘 들려주셨음을 나도 잘 안다. 나중에 벗이《시문학(詩文學)》을 창간할 때에도 그러한 관계로 위당, 수주(樹州)가 동인(同人)으로 도와 주었던 것이다. 냉동 여사(冷洞旅舍) 시대는 내지(內地)서나 마찬가지로 몸이 대단히 좋았고 장래를 염려할 일은 도무지 없었으나 몸이 비교적 좋았던 벗에게는 그보다도 한두 가지 딱한 가정 사정이 항상 그를 불안 초조하게 하였었고 우울침통케 하였었다. 집에 꼭 가 있게 되었고 집에 있는 동안 완전히 소식(消食)을 못 하게 되고 약수장(藥水場)을 찾아 헤매게 되고 그러느라니 세상이 넓어지고 아는 사람도 많아져서 심심치는 않았던 모양이다. 한동안 마음에도 없는 어느 여성에게 무던히 졸린 일이 있었는데 저편이 대단한 공세를 취하는 통에 용아(龍兒)가 방어력이 있을 리 없고 무척 애를 쓰다가 결국은 저편에서 퇴진을 하였지마는 밖에 있어서는 크게 불쾌한 일이었다.

약수장(藥水場) 시대에 벗은 시조(時調)를 쓰기 시작했고 그중 몇 편은 유작집(遺作集)에도 들었다. 용아(龍兒)의 문학의 영향으로 인하여서도 벗은 시조와 시를 한시대에 같이 하여 왔었는데 나는 그것을 볼 때 속이 상해서 못 견디었다. 좋게 충고를 해 왔었다. 시조를 쓰고 그 격조(格調)를 익혀 놓으면 우리가 이상(理想)하는 자유시(自由詩)·서정시(抒情詩)는 완성할 수 없다고 요새 모(某) 시조 선생이 어느 책에 시조와 시를 동일한 것같이 쓰시었지만은 그럴 수가 없다. 배구(俳句)도 시와는 물론 같질 않고 더구나 시조는 셋 중에 가장 시와 멀다고 할 것이다. 시조 말장(時調末章)의 격조를 모르고는 시조를 못 쓸 것이요, 시조로서의 말장(末章)의 존재는 항상 '시(詩)'를 재앙할 수 있으니까 시를 힘쓰는 동안은 결코 시조는 손대지 말 것이다. 말이 딴 길로 흘렀다. 그러나 벗 용아는 시조와 시를 같이 완성하고 말았다. 무엇보다도 치밀한 그 두뇌의 힘이 두 가지를 혼동시키지 않고 잘 섭취하고 배설하였던 것이다. 그러자 좌익 전성(左翼全盛)시대가 닥쳐왔으니 식체(食滯)로 약수장 신세를 진 벗으로 보면 좌익 전성은 또한 큰 식체가 아닐 수 없었다. 무럭무럭 커나가는 그 정치 그룹에까지 접근하질 않는가.

프로 예맹(藝盟)이면 외려 말할 나위나 있었다. 그의 서가(書架)에는 문학서보다는 경제과학서가 더 많이 끼워지고 그 이론을 마스터함으로써 우리 같은 문청류(文青類)는 어린아이로밖에 안 보여졌던 것이다.

나는 그를 위하여 무척 애를 피웠었다. 하다못해 좌익 문예(左翼文藝)와 평론쯤 맛보는 정도로 발을 멈추라고 에렌부르그의 명편(名篇) 『컴미날의 연관(煙管)』을 나는 그에게 권하여 읽게 하였다. 실상(實相) 그러한 좋은 작품, 그때 우리 예맹원(藝盟員)의 손으로 씌어지기를 우리의 문학을 위하여 얼마나 바랐던가. 유점사(楡岾寺)에서 시작된 토론이 개잔령(開殘嶺)을 넘고 고성 삼일포

(三日浦)에 이르도록 정치주의(政治主義) 가부(可否)를 가지고 골을 붉히고 싸우고 말았었다. 결국은 너는 너대로 나는 나대로라는 결론뿐이다. 그때 세계를 풍미하던 사조(思潮)에 벗도 사로잡혔었다. 문학은 그의 도구라고 여기던 시대이었다. 한번은 좌익의 화형(花形) 한 분이 용아에게 왔었다가 「판대웅」을 만지작거리면서 문학! 문학이 무엇을 한단 말이요 하는 것을 문학이 문학을 했지 별다른 것 하는 것인 줄 아오 하였으니 벗은 고개를 살래살래 흔들면서 결국 문학은 아무것도 아니겠다는 자신있는 표정을 하지 않는가. 그 뒤 그 화형(花形)은 12차 서문 별장(西門別壯)을 가더니만 정치는 밥보다 더 재미있는지 요새는 또 무슨 회의중역을 하여 광화문통(光化門通) 왕래를 하고 있는 것을 보는데 그들의 정치심(政治心)도 가상타 하겠다. 용아가 어떻게 그곳에서 전락했을까? 역시 딱한 가정 사정이 시골살이를 강제(强制)하였음이다. 거기서 시낭(詩囊)을 배불리 할 수 있었고 상당히 긴 시일을 두고 한아(閑雅)한 향제(鄕第)에서 훌륭한 시인이 되어 버렸다. 본시 지극한 성열의 인(人)은 아니요, 응당 혈형(血型) B를 가졌을 침착한 용아가 동서전적(東西典籍)을 풀어헤치고 천균(千鈞) 뇌장을 짜놓았으니 명편가슴(名篇佳什) 쏟아져 나올 밖에 없다. 벗이 남긴 근 백 편의 시(詩) 대부분 좋은 시가 모두 그때의 소산이다. 자신만만하여 가지고 상경하여 지용(芝溶)을 만나서 《시문학》을 만들던 시절의 벗의 의기는 충천할 만하였다.

《시문학》은 나온 뒤 어느 한 분의 비평문도 얻어 본 일이 없는 것도 기이하였지마는 그러한 순수 시지(純粹詩誌)가 그만한 내용과 체재를 가지고 나왔던 것도 당시 시단의 한 경이(驚異)가 아닐 수 없었다. 다만 세평(世評)대로 너무 고답적(高踏的)인 편집 방침이 해지(該誌)의 수명을 짧게 한 것은 유감이랄 밖에 없다. 뒤이어 《문예월간》·《문학》 등에서 용아(龍兒)는 명편집인(名編輯人)이었고 특히 《문학》은 벗의 특이한 편집 취미가 가장 잘 나타나 있다 할 수 있었다. 《문예월간(文藝月刊)》 전후하여 당시 세칭(世稱) 해외문학파(海外文學派)의 제우(諸友)와 긴밀한 교의(交誼)가 생겼고 말년까지도 진섭(晋燮)·헌구(軒求)·기제(起悌)·대훈(大勳)·광섭(珖燮) 제형(諸兄)과는 특별한 사이였었다. 여기에 《시문학》 때부터의 결우(結友)로 《문예월간》에는 전책임(全責任)을 가지고 계셨을 이하윤(異河潤) 형은 용아의 말년에 가까운 몇 해 어찌 그리도 멀어졌던고. 암만해도 이유를 알 수 없었다. 하윤 형을 여러 번 만났어도 내 용기로는 툭 터놓고 물어 볼 수도 없었다. 하기야 누구보다도 가까운 지용(芝溶) 형과도 《시문학》 3호 편집을 싸들고 약간 내심 충돌이 있었긴 했다.

그러나 양편의 심경을 내가 다 잘 알고 있었으므로 좀 그러다 말게끔 되었다. 말년(末年) 삼사 년 그 두 벗의 교분이 누구보다도 두터웁던 것을 아는 이는 안다. 그리고 맨나중으로 사귀인 이양하(李敭河) 씨의 「실행기(失幸記)」를 읽고 나는 벗의 말년도 행복스러웠음을 알 수 있었다. 벗의 이형(異兄)과 《문예월간》을 시작하여 그 첫호가 나왔을 제 나는 벗을 어찌나 공격하였든고. 2, 3호 이렇게 나올 때마다 실로 내 공격 때문에 벗은 딱한 듯하였었다. 순종과 양심으로 시작한 《시문학》 바로 뒤에 영합(迎合)과 타협이 보이는 편집 방침, 세상을 모르는 내가 벗을 공격하였음도 지당한 일이었다. 그 다음에 나온 문학은 그래도 깨끗하고 당차지 않았던가. 지금 생각해 보아도 《문예월간》은 문예지로서 2류 이하의 편집밖에 더 될 게 없다. 벗이 시조를 쓰시던 버릇과 《문예월간》을 하던 것을 나는 참으로 좋이 여기지 않았었다. 가정 생활에 터가 잡힌 뒤 얼마 안 있어 경(輕)한 티푸스를 앓고 그 다음해 봄에는 참으로 올 것이 왔었다. 급보로 상경하니 감기로 누워 있는 것만 밖에 더 안 보이었으나 그 병(病)의 선고를 받고 그렇게 태연할 수 있는가. 벗이 병을

다스리는 태도는 무던히 침착하였었다. 원체 침착한 선비여서 침통은 할지언정 눈물은 흘리지를 않았었다. 내가 그의 눈물을 본 바 없고 다른 벗이 또한 본 바 없으리라. 중학생 때에 불란서 혁명을 그린 영화를 보고 자칭 로베스피에르를 뽐내고 고갯짓을 야릇하게 하며 눈을 아래로 내리떠 '당통'을 깔보던 '로베스피에르' 그 몸의 병은 넉넉히 이겨낼 수 있었다. 벗이 간신히 일어나서 늦은 봄 모시 다듬이 겹옷을 입고 경회루 못가에 떠도는 오리를 보면서 한나절을 즐기던 일이 가장 아름다운 기억의 하나이다. 경회루 밑에 앉은 순수 조선색(朝鮮色)을 사진 찍느라고 저편 학생 단체서 야단들이었다. 집이나 옷이나 연당(蓮塘)이 무던히 어울리던 모양이었다.

그 다음해 봄인가 지용(芝溶)과 셋이서 탑골 승방(僧房)에를 나갔다가 병석(病席)의 임화(林和)를 찾은 일이 있다. 좌익(左翼)의 효장(曉將) 임화를 우리 셋이서 찾았다니 좀 기이한 감이 없지도 않지마는 비록 우리가 시인 임화를 손꼽는다 하더라도 그가 앓지 않고 있다면 찾았을 리는 없었을 것이다. 임화가 우리의 시를 의식 문제로 경멸했더라도 임화의 시를 우리가 경멸할 아무 이유는 없었다. 《시문학》에 싣더라도 상극(相剋)될 아무 건더기도 없는 것이었다. 그 재인(才人) 임화가 제3기를 앓는다 하지 않느냐. 생전에 만나 보자는 긴장된 마음! 그도 태연하였었다. 용아(龍兒)에 못지 않게 태연하였었다. 폐(肺)를 앓는 사람은 다 그런 성싶었다. 그러나 지용과 내 생각은 좀 달랐다. 나는 더구나 임화가 초면이다. 처음이요 마지막인가 생각되어 섭섭하기 짝이 없었다. 자기 말들은 재기한다지만 그 형편에 곧이들리질 않았었다. 박은 임화가 재기할 것을 믿고 있었다. 자기도 일어났으니까, 그도 일어난다고 하지 않는가. 삼선평(三仙坪) 나오면서 시인은 모두 폐를 앓으니 지용도 그럴 생각 없느냐고 했더니 아직 시집(詩集) 한 권도 못 내놓았는데 가면 되느냐고 대답하여 당장에 그러면 시집부터 셋이서 다 한 시기에 내기로 하고 산질(散秩)된 원고를 주워 모으자고 의논이 결정되었었다. 그리하여 지용(芝溶), 영랑(永郞) 두 시집이 먼저 용아의 손으로 만들어져 세상에 나왔었다. 그 중『지용시집(芝溶詩集)』은 인기가 비등하였었고 그 시집 난 뒤의 조선시는 획기적으로 새출발을 하였다고 단언할 수가 있다. 『영랑시집(永郞詩集)』이야 용아의 수고만 아까울 뿐이었다. 그런데 벗이 자기 시집 간행을 웬일로 그렇게 좀더 있다 낸다는 것으로 고사(固辭)했던고, 참으로 딱한 노릇이었다. 벗이 본래 침통시편(沈痛詩篇)은 자꾸 써내시면서도 무슨 대자연(大自然)에 끌리운다든지 취미에 기운다든지 그런 점은 조금도 볼 수 없었고 내가 너무 정적(情的)인 점을 벗은 오히려 경계하였을 것이요, 여자에 담백한 점은 특기할 만하였다.

어느 해 봄이던가 창경원 박물관 앞 늙은 모란이 활짝 피었을 즈음, 때마침 늦은 봄비가 내려서 넙죽넙죽한 모란이 뚝뚝 떨어지는 광경이 과연 비장(悲壯)한 바 있으리라 하고 벗을 끌고 비를 무릅쓰고 쫓아갔었더니 벗은 그런 것쯤 대단찮이 여겼다. 겨울의 고련근 열매[旋檀]가 담황색으로 대단히 깨끗하고 고담(枯淡)한 바 있어 벗을 끌고 내려왔더니 온종일 방안에서 책만 만지고 이튿날 집으로 돌아가 버렸었다. 그러니 벗과 앉아 이야기하면서는 풍경이 그리 필요하질 않았다. 방문을 닫고 앉았어도 기분은 수시로 만들어지곤 하였었다. 시(詩)를 위한 독서, 그 외에 르네클렐의 사진과 디트리히의 연기를 보는 것이 가장 좋은 취미였으리라, 한사코 시집을 안 내고 만 것도 한번 그의 성미로 미루어 보아 있음직한 일일 것이다.

벗의 건강은 차차 좋아졌고 한번 그렇게 잘 이겨낸 뒤이고 보니 자타(自他)가 꽤 방심도 했을 법하다. 나 역시 박(朴)이 또 앓는다 하더라도 이젠 그리 대단치는 않으리라 믿고 있었다. 술도 조금씩 먹어 보고 긴 여행도 좀 하였고 실상 병의 시근(始根)이 몸에 남아 있었을 셈을 잡으면 좀 무리타 할 만큼 2,3년간 조신(操身)을 못 한 셈이었다. 그렇기로 발병(發病)을 자각한 지 겨우 3,4일에 목이 그렇게 잠긴다는 것이 무슨 일이냐. 슬픈 일이었다. 집에서 앓다가 세전 병실(世專病室)로, 그곳서 성모 병실(聖母病室)로 옮기었을 즈음 나는 올라왔었다. 목이 잠겨서 눈으로 맞이할 뿐 손을 쥐어 보니 얼음장이다. 내 차마 입이 벌어지질 않았었다. 필담(筆談)으로 의사를 통하다니 어이가 없었다. 가슴을 앓아도 치료만 잘 하면 상당한 수명을 잇는 것이 현대 의술 아니던가. 벗의 경우는 어떠한가. 자기도 모르고 곁에 사람도 모르는 사이에 불치권(不治圈)을 들어서 버리지 않았는가. 그도 천명(天命)인가. 병에 태연하던 벗이기로 모 박사가 전년 동기(前年 冬期)에 약간 경고를 하였다 하지 않는가. 병에 너무 태연한 벗의 기질도 원망스러웁다. 벗은 절망하는 것 같지는 않았으니 우리는 그 점에 힘을 얻어 지구전(持久戰)을 할 셈으로 병실을 자택으로 옮겨 보았다. 그러나, 오! 그러나 옮긴 지 10여 일 되던 날 오후 벗은 난 후 처음 약한 소리를 토하잖는가. 잠긴 목소리로 "암만해도 도리가 없다." 나는 눈물이 핑 돌았었다. 정말 별도리가 없는 것 같아서 벗의 오랜 투병사(鬪病史)에 일찍 토하지 않던 그 약한 소리는 확실히 불길한 예감을 아니 줄 수 없었다. 친우들께의 영결(永訣)의 글을 부인께 대필시키고 나에겐 바로 벗이 손수 좀 자세히 쓸 말이 있노라고 하여 날을 미루고 있다가 이루지 못하였었다니 더 안타까웠다. 40만 넘기면 우리가 수명(壽命)에 불평은 할 것이 없다고 하였거니 나머지 5년을 왜 더 못 채우고 가버리었느냐? 운명(殞命) 5분 전까지 의식이 명료하셨다는 벗이 부모와 처자는 어찌 잊고 갔을까, 시는 또 어찌 잊고 갔을까.

《朝光》 5권 12호 1939년 12월

文學이 副業이라던 朴龍喆 兄
—— 故人新情

  영영 가버린 날과 이 세상 아무 가질 것 없으매 다시 찾고 부를 인들 있으랴. 억만 영겁(億萬永劫)이 아득할 뿐.

  용철(龍喆) 형! 가신 지 이미 10년도 넘었으니 형은 이제 참으로 옛사람이 되었구료. 10년도 이만저만 아니지요. 인류사(人類史) 있은 뒤 처음 무서운 전쟁의 수행(遂行), 과학의 승리, 역사의 창조, 그리하여 민족의 해방, 동혈(同血)의 상극(相剋)이 모두 그 양으로나 질로나 어느 전세(前世)에도 볼 수 없는 최선 극악(最善 極惡)의 10년이고 보니 이렇게 형을 불러 보는 내 심정 천감만래(千感萬來)에 숨이 막히고 마나이다. 내 죽음에 관심이 다시 커지고 있는 이즈음 근대(近代)의 일편(一片)을 들어 형을 불러는 보아도 형은 백년전 어느 깊은 산골을 떠나가 버린 그 산울림이신 듯 대답 있을 리 없으니 허무한 노릇일밖에요. 오! 10년도 전에 우리의 말이 마지막 앗아지려던 날 그대 그 앓는 자리에 누우신 채 "전쟁은 크게 발전하겠지. 민족과 언어가 같이 멸망한 역사를 어디 보았더냐" 하시며 태연하셨지요. 중·일전이 벌어질 때 우리는 겨우 미소를 띄웠었고 겨레로서의 새론 보람이 겨우 소생하려던 때 "나는 이젠 별도리가 없다" 하고 가시고 말았으니 인류 최대의 참극과 인지(人智) 최고의 발달을 못 보심도 애석타 하려니와 민족 해방의 감격환희를 못 겪으셨음을 생각할 때 형을 위하여 통분(痛憤)할 자 나만이 아니겠지요. 그 옛날 왜경(倭京)서는 4년을 한 품자리에서 자던 사이, 달이나 밝으면 흔히 형을 홀리어 풀밭에 이슬 받으며 뒤둥글고 그대에

겐 필시 외도(外道)임에 틀림 없던 길을 같이 걷자고 졸랐었고 귀국하여서도 그대 나같이 까다로운 아버지들 밑에 눈치코치 받아 가면서 산길 들길 백리 사이를 시를 위하여 오고가고 시낭(詩囊)이 두툼해지고 익어서 씨가 저절로 돌고 빠지고 하게 되자 같이 상경(上京)하였고 시붕(詩朋) 지용(芝溶)을 만나서는 서로 늦만남을 서뤄하고 예쁘고 고웁던 구슬을 모아서 은(銀)쟁반에 한 그릇씩 담아 내놓지 않았던가.

형아! 천하가 우리 것이 아니더냐. 서로가 민족적인 애수(哀愁)에서 비록 못 벗어나긴 하였어도 자신 없이야 심해(深海)를 깊이 들어 진주와 산호를 어찌 캐내인단 말이냐. 몽상(夢想)도 할 수 없는 것을 그래 천하가 우리 것이 아니더냐.

형아, "나는 음치(音痴)로다" 하더니만 형의 시는 특히 음률에는 가까운 멜로디였고 "문학은 나의 부업(副業)이라" 하더니만 문학을 그리 잘 하던 이 또 있던가. 나는 평론이니 비평이니 그리 좋아하지 않는 편이었지만 형과 같이 남의 문학을 그리 잘 이해할 수 있는 것이 평론이고 비평이거니 하고 생각이 돈 뒤에는 세상의 평론, 비평가에게도 차차 경의가 표해지던 나 아니던가. 형이 좀더 계시더면 혹은 시필(詩筆)을 던졌을지도 몰라. 그러나 평론가로서의 형의 존재는 왕자(王者)였으리라 본다. 이제도 시론가(詩論家)로서의 형의 옥좌(玉座)는 햇빛이 무안할 만큼 빛나고 있다.

형 가신 뒤의 시의 생리학자(生理學者) 누구뇨.

형 가신 뒤의 시의 정론가(政論家) 누구뇨. 장안을 뒤져 보아도 찾아지질 않는다. 가엾다, 왜 더 못 사셨나. 10년만 더 왜 못 사셨나. 형아, 그대가 엮어 놓은 여러 책자(册子) 중 『지용시집(芝溶詩集)』, 『영랑시집(永郎詩集)』이 맨 마지막이었다. 15년 전 일 사람이 늙어가도 청춘의 오류(誤謬)로 씌어졌다 할 시이거니 그거야 어디 늙을 수 있으랴. 이제 내 옛날의 노래를 모아 다시 엮어 보리라 계획하니 그대 생각 불현듯 치밀어와 다시 젊어지는 듯싶구나. 지용마저 민족의 선을 넘어서 평양을 갔다는 둥 수선한 세상 어찌 혼자만 남은 듯도 싶어서 섭섭해지기도 해. 형아, 종달(鍾達)이 일(逸)이 율(律)이가 어진 어머님과 서울에 평안히 사시고 있으니 부디 잊으라. 이제 가을 바람이 제법 쌀쌀히 불어 오니 고련근 노―란 열매를 찾아서 우리 같이 시골길을 걸을거나.
  오! 서울서 그대 산소는 천리로구나.

《民聲》 5권 10호 1949년 10월 1일

出版文化 育成의 構想

1 序 論

지금부터 약 10년 전 1940년 당시에는 우리 민족의 민의를 대표하는 기관으로서 아직 《동아일보(東亞日報)》와 《조선일보(朝鮮日報)》가 남아 있었다. 월간(月刊)으로도 《삼천리(三千里)》를 비롯하여 《조광(朝光)》 기타 수종(數種)의 자태(姿態)가 남아 있어서 우리의 민족 의식을 구멍구멍이 나타내고 있었던 것이다. 그렇던 것이 소위 지나사변(支那事變)이 점점 확대되어 태평양 전쟁까지 일으킬 기세가 농후함에 따라 우리의 민족 의식을 말살시키고 강권으로써 우리를 황민화(皇民化)하려는 야욕 밑에 1940년 8월에 이르러 소위 "언론(言論)의 통일적 지도와 물자의 간멸(簡滅)을 위한 국책적 견지(國策的 見地)"라는 명령 아래 전기(前記) 《동아》·《조선》 양지(兩紙)를 폐간시켜 버리고 다만 총독부 기관지(總督府 機關紙)인 《매일신보(每日新報)》 하나만에 특권을 부여하였다. 그리고 월간으로도 우리의 민족 의식을 마비시켜 버리려고 그 총본부인 무서운 무슨 연맹의 기관지 《총동원(總動員)》 외 《동양지광(東洋之光)》과 같은 친일 문인들의 문예지가 남았을 뿐 전기(前記) 《삼천리》·《조광》은 물론, 우리 민족으로서 읽을 만한 민간 잡지는 전연 그 자태를 감추게 되고 말았다.

이와 같이 우리 민족은 민족 의식으로서 생각하고, 말하고, 글쓸 자유가 없었기 때문에 우리 민족 출판계에 있어서는 정기 간행물·

부정기 간행물 할 것 없이 그 가치를 찾아볼 수 없을 만큼 소침(消沈)하였으며 하마터면 민족 문화는 영원히 사라지고 말 뻔하였다.

2 해방과 出版界

위에 말한 바와 같이 일제의 지독한 언론 탄압으로 말미암아 사기(死期)에 처하였던 우리 민족의 출판계가 연합국의 승리로 해방을 얻게 되자 언론 출판 자유란 구호 밑에 활발히 움직이게 된 것이다. 우후죽순(雨後竹筍)격으로 족출(蔟出)하게 된 각양각색의 간행물은 그야말로 출판 황금시대라 할 만큼 조속한 시일에 그 내용의 질(質) 문제는 잠시 고사하고 그 양적으로 보아 급진적 발전을 보게 된 것은 우리 출판 문화에 관심 있는 자로서 동익(同匿)하여 마지않는 바이다.

일간 신문을 비롯하여 정기 간행물, 부정기 간행물, 일반 단행본(單行本) 출판 이외에 각 정당·사회 단체의 선전용 '삐라', '포스터', '팜플렛' 등 참으로 눈이 현혹할 만큼 쏟아 나오게 되었다.

1947년 8월 말일 현재로 나타난 통계숫자로 보면 당시 남한에는 출판사가 519, 인쇄업자 278이며, 이들의 손으로 만들어져 나오는 정기간행물의 수만 하여도 통신을 비롯하여 신문 잡지 등 그 총수는 334종에 달하고 있었다.

이것을 다시 일·월간의 종별로 나누어 보면 통신으로는 일간(日刊)이 13, 주간(週刊)이 4, 신문으로는 일간이 69, 주간이 347, 순간(旬刊)이 4, 반월간(半月刊)이 5, 월간이 6, 잡지로는 주간이 12, 순간이 2, 반월간이 4, 월간이 124, 격월간(隔月刊)이 1, 계간(季刊)이 1, 기타 기관지로서 일간이 13, 주간이 4, 순간이 3, 반월간이 2, 월간이 24, 격월간이 5로서 그후로도 더욱 증가를 보일 현상이었다.

이 통계 숫자에 나타난 바와 같이 해방 후 우리 민족은 언론 출판 자유 그대로 마음껏 떠들고 마음껏 부르짖고, 마음껏 출판하였던 것이다. 이것은 40년간 자유를 유린당하여 압박을 받고 신음하던 그 무서운 질곡에서 벗어나게 된 반동적 현상이라 할 것이며 한때 언론 출판 자유는 그 극에 달한 나머지 그 한계를 넘어 문란(紊亂)을 일으키게까지 된 것이다.

③ 現下 출판계의 고찰

여기에 있어서 우리 대한민국은 정부 수립 이후, 이 혼란한 상태를 수습하여 출판 문화계에 있어서의 참다운 발전을 도모하기 위하여 예의 감찰하게 된 것이다.

우선 출판 문화의 핵심체라고 할 신문을 살펴보건대 일간(日刊), 주간(週刊)을 합하여 백여 종이 있으나 신문 출판업자의 확고부동한 독립 체제를 갖지 못하고 어느 정당이나 사회 단체에 예속한 기관지가 되어 버리는 경향이 있는가 하면, 그 기사에 있어서도 무슨 특색있는 취재와 편집이 아니라 제목만 가려 놓고 보면 천편일률적으로 그 내용이 동일한 무흥미한 신문이 되고 마는 것이다.

신문은 절대 불편부당(不偏不黨)하여 엄숙히 중립을 지켜야 할 것이며 특히 신문의 민주화라는 입장에서 '진실의 보도', '선덕(宣德) 왜곡의 불식(拂拭)'을 위하여 항상 일반 대중의 전국민을 상대로 하고 그를 주관(主觀)으로 하고 또 그들의 복리를 위하는 사회의 공기성(公器性)을 유감없이 발휘해야 할 것이다. 그러기 위해서는 적극적으로 참다운 소리를 청취하는 여론의 조사와 또 이 국민의 총의(總意)를 종합하는 의미로 세론(世論)을 널리 조사하는 것이 그 중대 사명이라 할 것이다. 그런데 과연 어느 신문이 그러한 기구를 만들어서 적극적인 운영을 해 본 일이 있는가?
 다음 일반 잡지에 있어서도 어떠한 확고한 편집관(編輯觀)이 있는 것이 아니라, 다만 발행을 위한 간행이라 할까. '간행 목적'은 형식적으로 내걸고 그 인쇄 행동에만 급급하는 경향이 있는 것이다.
 기타 일반 단행본 출판에 있어서도 마찬가지로 민족 문화의 향상 발전을 기한다는 것보다 인쇄물을 만들어 영리를 목적한 상품으로서 시장에 내어놓는다는 경향이 많다 할 것이다. 이것은 너무나 혹평일는지 모르나 저속하고 야비한 유행가집이라든가, 색채의 배합·농도에 따라 어린이들의 시각을 해친다는 생리적 관계는 돌보지 않고 많은 독자를 습득할 수 있다는 점에서 국민학생을 노리는 저열한 '만화(漫畫)' 등이 얼마나 쏟아져 나왔는가를 보면 능히 그 심리를 알 수 있는 것이며 또한, 근자(近者)의 포화 상태에 있다 할 여러 잡지군(雜誌群)의 퇴폐와 저속한 취미의 편집상을 보라!
 그뿐만 아니라 앞서도 말한 바와 같이 어느 정당이나 사회 단체의 이용물이 됨으로써 공정성을 잃는 편파적 고집을 한다거나 또는 쓸데없는 인신(人身) 공격, 모욕적 언사를 하여 사회를 혼란시킨다든가 심지어는 민족적 양심을 잊어버리고 소련의 노예가 되려는 이북(以北) 공산도배(共產徒輩)의 사주(使嗾)를 받아 공공연히 정부를 비난하고 민심을 선동하여 정부와 민간을 이간시키려는 반동적 출판물이나 기사(記事)까지 나온다는 것은 참으로 한심한 일이라 아니할 수 없다.
 여기에 있어서 우리는 하루속히 출판문화의 근본 정신을 바로잡아 참으로 명랑하고 활달한 문화건설을 기하지 않으면 안될 것이다.

4 정부 수립 후의 상황

작년 8월 15일 건국 당시로부터 정기 간행물에 나타난 현상을 참고에 제(提)하기 위하여 여기에 게재하면 도표와 같다.

여기 게재한 일람표로써 자연 알 수 있는 것과 마찬가지로 정기 간행물에 있어서는 그 수가 줄고 있는 현상이다. 이것은 위에서 말한 모든 비양심적, 비윤리적인 보도로 말미암아 법에 저촉됨으로써 정간(停刊) 또는 폐간된 것과 일방(一方) 인적(人的) 또는 물적(物的) 조건이 불비(不備)함으로써 능히 출판할 수 없다는 입장에서 자진하여 폐간한 것도 있는 것이다.

Ⅰ. 建國 당시   Ⅱ. 4282. 3. 1   Ⅲ. 4282. 7. 1

種別	區別	數·Ⅰ	數·Ⅱ	數·Ⅲ
通信	日刊	8	6	8
	週刊	3	3	3
新聞	日刊	64	58	55
	隔日刊	2	2	2
	週刊	63	60	68
	週二回刊	4	4	4
	週三回刊	1	1	1
雜誌	旬刊	8	6	6
	半月刊	6	7	7
	月刊	143	127	128
	月六回刊	1	1	1
	季刊	1	1	1
計		304	276	284

일부 양심적인 출판인으로부터 현하(現下) 인적(人的)·물적(物的) 양면으로 보아 신문이나 일간(日刊) 잡지 등을 통제하여 통합

또는 폐지함으로써 강력하고 활기있는 출판 문화의 발전을 기하는 것이 어떠냐는 의견을 가져 오는 인사(人士)도 있으나 정부로서는 언론의 자유 창달이라는 민주주의적 입장에서 될 수 있는 고로 앞으로도 이 방침에 큰 변동이 있으리라고는 믿지 않는다.

 그러나 신문인(新聞人)들의 각자가 자진 통합하여 준다면은 대구(大邱), 부산(釜山)에 각 3지(各 三紙), 각 도청 소재지에 2지(二紙), 부청 소재지에 1지(一紙) 정도로 줄여 주었으면 건전한 운영을 할 수 있으리라고 생각하는 바이다. 그리고 서울에 있어서는 앞으로 자멸(自滅)될 일간지가 더러 있으리라고 예측되는 것이며 현재 미미한 존재로 버티어 보겠다는 몇몇 신문은 영웅심에서나 또는 어느 기관의 특수한 사명을 띠고 그 책임을 이행하는 것 이외에 아무 의의를 찾을 수 없는 것이다. 그러므로 현재 운영 곤경을 받고 있는 수종의 신문이 자진 합동하여 실력 있는 기관으로서 재출발하여 우리나라 문화 발전을 위하여 발분하여 주었으면 그 위에 더 좋은 일이 없겠다고 생각하는 바이다.

 그리고 언론 행정을 담당하고 있는 우리 공보처(公報處)로서는 다만 언론 출판계를 감시한다는 사무적 입장에서 뿐만 아니라 그보다도 이 언론·출판계를 어떻게 지도해 나가며 육성해 가느냐 하는 점에 큰 사명이 있다고 자인(自認)하고 있는 것이다. 이러한 입장에서 우리는 출판 문화가 걸어가야 할 그 방향을 지시해야 할 것이며, 또한 언론 출판에 대한 근본 이념을 피력함으로써 사계(斯界)에 종사하는 인사(人士)로 하여금 지침이 되게 할 것이며 주의를 환기해야 할 것이다.

5 출판 문화에 대한 유의점

 그러면 신문이나 잡지나 기타 단행본은 물론이고 출판문화에 관계하는 사람은 어떠한 정신을 가져야 할 것인가.
 첫째 민족적 양심을 가진 자여야 할 것이다. 다시 말하면 대한민국의 배달민족으로서 옳은 사상과 바른 양심을 가져야 할 것이다. 그리하여 전국민의 사상을 선도(善道)함으로써 합심 협력하여 대한민국을 수호함으로써 국기(國基)의 태안(泰安)과 아울러 국민의 행복을 도모하는데 중대 사명과 책임을 한때라도 잊어서는 안 될 것이다.
 둘째 진실한 보도와 참된 이론으로서 문화 향상 발전을 기하며 일신 월진(日新 月進) 국가 융창(國家 隆昌)에 이바지하고 나아가 세계의 진운(進運)과 병진(並進)함을 기도(冀圖)해야 할 것이다.
 셋째 불편부당(不偏不黨)의 독특한 입장에서 공평무사(公平無私)의 평탄힌 마음으로 정의 인도(正義 人道)에 입각하여 평론(評論)의 온건타당(穩健妥當)과 보도(報道)의 확실을 기할 것이다.
 넷째 기사(記事)는 항상 청신하고 명랑함을 요함과 동시에 그 기사 보도가 일반 사회에 미치는 반향을 고려하여 의당충후(宜當忠厚)의 풍(風)을 가져야 할 것이다.
 다섯째 경영(經營) 문제인데 여기에는 특수한 기술이 요청되므로 인적(人的) 조직과 물적(物的) 완비에 유의해야 할 것이다.
 이상 몇 가지 요항을 들어 주의를 환기하는 바이나 정부로서도 당연히 출판 문화계의 원만한 향상 발전을 위하여 원조 협력할 일이 허다할 줄 안다. 정신적으로는 물론, 물질적으로도 용지의 입수난(入手難), 인쇄공장의 불비, 편집인들의 인적 확보 문제, 인쇄물의 배포 수송 문제 등 현재 출판계가 곤란한 처지에 서 있다는 것을 잘 인식하여 용지 배합이라든가, 인쇄 기구의 제조 또는 수입이라든가, 인쇄물의 분포 원활을 기하여 관계 각 부처와 예의 연구함으로써 될 수 있는 대로 그 애로 타개에 노력할 것이며 원조 지도를 아끼지 않아야 될 것이다. 그리하여 우리는 관민(官民) 일치 협력으로 대한민국의 참다운 문화 발전에 공헌해야 될 것이다.〈필자는 공보처 출판국장〉

《新天地》4권 9호 1949년 10월

熱望의 독립과 냉철한 현실
—— 삼천만은 反託一貫으로 단결하자

 5호성명(五號聲明)에 서명(署名)하여 협의(協議)의 대상이 되고 임정(臨政) 수립이 되면 그 안에 들어가서 조선 자주 독립을 주장 관철해 본다는 것이 근근 민족 진영 대부분의 공위(共委)에 참가 태도인 것 같다. 작년 결렬 공위(決裂共委)에 말썽 많던 참·불참 문제가 하지, 아놀드 양장군(兩將軍)의 그 친절 공정(親切公正)한 보장 선언(保障宣言)으로 겨우 민족의 체면을 유지시켰고 삼천만은 거의가 다 꺼림칙히 여기는 가운데에도 일루(一縷)의 희망을 품고 참가 결정했던 일을 회고하면 1년이란 동안 국내외의 모든 정세는 상당히 급진되어저 있음을 인성 않을 수 없다. 민주주의의 가장 정확한 해설자요, 실천자이려는 마샬 장관의 강력한 주장으로 재개된 미·소공위(美蘇共委)는 그야말로 일사천리의 안건 처리를 해가는 셈이다. 그리하여 서명(署名)을 요하여도 작년과 같은 보장(保障) 선언은 기어코 내놓을 성의도 시간도 없는 성싶은 인상을 주고 있다.
 두 달 전의 막부(莫府)에서 마샬 장관의 모 외상에게 보낸 서한을 싸들고 매일같이 그 서한은 부연(敷衍)하여 조선인의 의사 발표의 자유 원칙하에서 공위(共委)는 재개되는 것이라고 우리에게 깊이 인식시킨 이들은 과연 누구인가. 하지, 러치 씨, 브라운 씨 한두 번 발표만 아니었을 것이다. 미 본국의 진론(眞論)이 그 동안 어떠했던가. 자유 해방된 조선 민족의 자주독립 국가를 완성시키는 책임을 미국이 지는 것을 자인하지 않았던가. 그런데 시(是) '작년과 불변

(不變)'이라는 애매한 소리일 뿐이니 그도 그러할 밖에 없는 노릇이다.

이유야 간단하다. 하지 중장(中將)이 12월 24일 북선(北鮮) 샤 장군에게 보낸 회한(回翰)이 이번 공위(共委) 재개의 기초가 되는 까닭이리라. 전후(戰後) 처리에 있어 미·소(美蘇)가 세계 어느 선(線)에서나 그러하지마는 양군 분담(兩軍 分擔)하의 착란(錯亂)한 정세하에 재개되는 공위(共委)에서 보더라도 소(蘇)의 현실 외교는 능히 미의 민주 외교를 굴종시켜 놓았음이 틀림없고, 민주주의의 명예, 그런 옹호자인 마샬 장관도 첫번 강경 화려히 내펴던 말이 불과 이순(二旬)에 하지 중장의 회한(回翰)쯤 정도로 모 외상에 굴종해 버렸다는 그 심사(心事)의 의도를 어찌 의심없이 본다는 말이냐. 우리가 2차대전의 성격을 잘 이해한다 할 수 있고 미국의 우리 조선에 있어서 최저한의 야망(?)이라 할지, 강토를 세계 민주주의화의 최전선 기지로 등장시키지 못하는 이유를 잘 이해한다 할진대 저 숙명적인 38 비극선을 악의(惡意)와 위성지념(危性之念)으로만 해석할 필요도 없을 것이다.

그러나 강대한 연합국인 미·영·소(美英蘇)가 세계 민주화의 명예스런 명의(名議)를 위하여 조선을 해방시키고는 또다시 각자 국가적 이유에서는 신탁(信託) 관리를 규정해 버린 뒤에 오는 것은 소위 국제 협조를 위하여 약소 민족쯤 희생해도 좋다는 강압적인 이론 귀결(理論歸結)이 오늘 공위(共委)가 오족(吾族)에 대한 것, 연(然)한 태도라 아니할 수 없다. 슬픈 노릇이다. 물론 국내 사정으로 보아도 저 절망적인 민생고(民生苦)만 구원한다는 이유로도 38선 타통(打通)이 즉시 실현되어야 하고, 그러하면 공위를 성립시켜 임정(臨政)이 수립되어야 할 것이다. 탁월한 정치가군(政治家群)은 들어가 싸우라. 비장한 각오를 지니고 들어가 싸우라. 선인(先人)들이 어디서 어떻게 싸우셨던가. 왜 잘들 알고 있지 않은가. 그러나 과연 한 마디라도 민족의 염원을 개진설토(開陣設吐)할 수 있을 것이냐. 그러한 분초(分秒)와 시간이 허락될 것이냐.

 오늘 이 나라 수도 서울 국제 무대에서 과연 이 세기의 민주주의가 실천될 것이냐. 마샬 장관이 해석한 민주주의가 실천될 것이냐? 슬픈 노릇이다. 삼천만민은 모두가 낱낱이 받은 한 갈래의 피요 뼈요 넋이라. 거기에 길러진 민족의 정기(正氣)? 불타오르면 온갖 불의(不義)와 사악(邪惡)을 태워 버리고야 말았던 것 아니냐. 여기에 민족 천년의 운명을 정해 준다는 공위(共委)가 만일이라도 민족적 염원에 어긋나는 결과를 강제로 만들어 놓는 때의 이 강산에 불같이 일어날 무서운 혼란, 상상만 하여도 눈이 캄캄해진다. 38선이 터지는 날이 통일이 되는 날이런가. 두 동강 난 강토가 이어지니 통일이요, 못 만나던 동포가 3년 만에 다시 만나니 통일이니라. 그러나 그만하면 통일이리요. 저 중국은 38선 없는 불통일(不統一)로 열국의 멸시를 면치 못하고 있지 않은가? 저 인도(印度)는 왜 분할 독립이 되고 마는가.

 정부가 서기만 하면 독립이냐. 국제 조약에 신탁 관리를 규정하고도 정치 간섭을 않는다고 사석(私席)에서 양언(揚言)한 그것이 되는 독립이라면 슬픈 노릇이다. 도대체 막부 결정 3항(莫府決定三項)에 '어떠한 이유'로 조선을 신탁 관리해 본다는 조목은 없다. 다른 모든 성명(聲明)에도 그 이유를 명시한 한 줄 문구를 본 사람이 없을 것이다. 답답하지 않단 말이냐. 협의 상대(協議 相對)로 들어가는 사람, 밖에 앉아서 그 하회(下回)를 기다리는 민중, 다같이 신탁(信託)을 엎어 씌우려는 데에는 단결하고 한사(限死)하고 거부할 것이다. 세계 민주주의의 실현과 오민족(吾民族)의 영원한 자유 번영을 위하여 우리는 공위(共委)의 좋은 결과를 기다리기에도 열심이거니와 설령 공위가 실패된다 하더라도 결코 실망 동요치 않는 민족임을 가장 자랑하려 한다.

＊〈美蘇共委와 民族良心의 發願〉 기획물의 하나.《民衆日報》1947년 6월 17일

新人에 對하여

 문학은 진실한 데서 비로소 그 가치와 생명이 있는 것이라고 생각한다. 과거의 위대한 작품들도 아직까지 후세에 남아 있는 것들은 모두가 작품으로서 진실되기 때문이다.
 이 진실이라는 것은 문학과 또는 인생에 대하는 작가의 태도를 말하는 것인데 아무리 고상한 사상이라든가 철학을 보여 주는 작품이라 해도 그것이 인간을 참되게 걱정하고 참뜻으로 아끼는 태도로 쓰이지 않는 한 값있는 작품이라고 존경을 받기가 힘들 것이다.
 그 반대로 기교가 좀 부족하고 표현력이 약간 불급(不及)하다 해도 인생을 생각하는 잘된 마음이 크게 움직인 작품이라면 그 작품으로서의 가치는 얼마든지 있을 수 있다.
 그 일례로 1차대전 후의 퇴폐적인 다다이즘은 문학사적(文學史的) 의의는 가지었을지 몰라도 예술적 가치로서는 높이 평가하지를 못한다. 또 도스토예프스키의 문장은 좀 난삽하다고 말한다지만 그의 작품 세계가 참된 인간적 고민을 상대로 하였기 때문에 그의 작품이 높이 평가되고 있다.
 문학은 아무나 할 수 있는 것도 아니며, 또 아무렇게나 되어지는 것이 아니다.
 괴테는 연대(聯隊)의 조국은 연대라고 말한 일이 있다. 그 말은 결국 시인의 조국은 시라고 해석되는 것인데 말하자면 문학인은 문학을 자기의 조국으로 생각하여야 한다는 뜻일 것이다.
 조국처럼 받들어야 하는 문학인의 문학 세계는 가장 경건하고 가장 존경하여야 할 것이다.

여기에 문학인의 생리(生理)가 있는 것이다. 문학인의 피와 체온과 체취와 정서가 진실된 조국을 향하여 뻗지 않을 수 없다. 만약 그 생리에 조금이나마 불순한 티가 섞이었다면 그는 진실된 문학을 조국으로 가질 수 없는 사람이다.

해방 뒤, 우리는 신인(新人)을 대망(待望)하였다. 그것은 이미 자기의 세계를 이룬 기성(既成)에게보다도 참신하고도 보다 더 진실된 문학을 보여 줄 신인이 필연적으로 필요했기 때문이었다. 그러나 해방 후 5년이 지나도록 우리의 기대를 만족시켜 준 신인은 나오지 못했다. 물론 하루 이틀 새에 혜성 같은 신인이 나오리라고는 생각지 못했지만, 그래도 지금쯤 우리 문단에 일선(一線)을 획(劃)할 만한 신인이 한둘 나옴직한데도 불구하고 그렇지가 못하다는 것은 적이 적요(寂蓼)를 느끼게 한다.

기성(既成)이라고 해서 언제나 신인만을 기다리며 신인의 뒤에 서라는 법은 없다.

그런데도 기성 역시 해방 이전의 문학 세계를 뛰어넘은 이가 없다는데 신인이 나오지 못한 몇 배의 울분을 느끼는 것이지만 그것은 여기에서 말할 것이 못 되기에 약(略)하기로 하고 어쨌든 신인이 너무나 적게 나온 것만은 틀림없다.

여기에는 여러 가지 이유가 있으리라. 그러나 그 이유를 이유로 삼아 신인 대망의 마음을 꺾기에는 우리의 한적한 문단이 너무나 외로운 감이 있다.

또 신인 불가공(不可恐)이란 말로 현재까지 다른 신인을 과소 평가하기에는 우리의 마음이 좀더 너그러워야 할 것이라고 생각된다.

이것은 우리 문단이 절대로 신인을 대망하여야 하며 또 신인을 아껴야 한다는 뜻인데 그러기 위해서는 기성이 신인의 길을 터주어야 하겠고 또 그들을 육성하여야 하는 동시에 신인이 좀더 진실된 태도와 진지한 노력이 필요하다는 말도 된다. 말하자면 기성이나 신인 자신이나 연대(連帶) 책임적인 관련성 속에서 우리의 문학을 상승시켜야 할 것이 아닌가.

그런데도 불구하고 현재 신인으로서 장래의 촉망을 받아야 할 문학인 가운데서 진실된 태도에서 왕왕 벗어난 언동을 보여 주고 있다는데 실망을 느껴 본다면 이것은 전통 무시란 우리 문단의 일대 통사(一大痛事)라 아니할 수 없으며 아무래도 신인 자신이 맹성(猛省)하여야 할 일이라고 생각한다.

학생이 선생을 스승으로 취급 내지 존경하지 않고 부하가 상사를 어른으로 보지도 않으려 하는 것이 요즘의 사회적 악조류(惡潮流)라고 말해 치운다면 문단에서도 신인이 기성을 능멸의 눈으로 대하는 것도 사회의 일여파(一餘波)로 넘겨 버릴 수 있을 것이지만 그래도 인생에 가장 진실되어야 한다는 문학 내지 예술인의 사회에서까지 그러한 조류에 물든다는 것은 우리의 조국인 문학의 명예를 위하여 슬퍼하지 않을 수 없다.

어느 유파와 각자의 호불호(好不好)로 해서 진실한 어느 기성이 신인의 능멸을 받을 이유가 없는 것이다. 연대장(聯隊長)이 연대를 떠나 지위나 명예에 마음을 쓰게 된다면 그는 연대라는 조국을 사랑하는 마음에 틈새가 생길 것이 분명하다. 마찬가지로 문학인이 문학을 떠나 어떠한 정략(政略)으로서 문학인의 명예를 붙잡으려 한다면 그는 벌써 문학인으로서의 가치와 생명을 잃게 되는 것이다.

이것은 신인이나 기성이나 꼭 같은 이야기이지만 요즈음 문단에는 진실한 작품을 쓰기보다도 위대한 사교진으로서 문명(文名)을 올려 보려는 이가 불소(不少)한 것 같다.

오늘의 기성이 2, 30년 전에 신인이요, 조국 문학의 파종자(播種者)이었다는 것, 그러나 그렇게 경망(輕妄)한 부류의 인간들이 아니었다는 것을 알 것 아닌가. 특히 신인으로서는 글자 한 자 한 자에 문학인의 생애가 묻히어 있어야 할 것이며 글 한 구 글 한 편에 각기 생명이 깃들어 있어야 할 것이 아닌가. 기성을 능가할 만한 작품을 창작함으로써 신인된 패기와 실력을 보여 주는 것이 그들에게 있어서 오직 하나의 길이라고 생각한다.

그러한 패기와 실력을 보여주기 위해서는 피땀이 섞인 노력과 파도와 같은 정열과 바다와 같은 끈기가 필요할 것이다.

문학의 생리를 벗어난 일체의 행동은 자기의 문학을 그릇되게 하는 동인(動因)이 된다는 것을 무엇보다도 먼저 알아야 한다.

작품에는 노력과 정열과 끈기를 송두리째 바치는 일을 아니하고 발표욕(發表慾)과 고료 수입욕(收入慾)에 눈이 먼저 번쩍인다면 그것은 그래도 맥맥이 흐르는 조국 문단의 맑은 흐름을 너무나 혼탁하게만 만드는 일이 된다.

물론 여기에는 신인을 육성하는 기성들의 책임이 중함을 느낀다. 작품을 보는 임징한 눈을 딴 데로 쏠리어 그만 신인으로 하여금 독존(獨尊)의 세계로 끌고 들어가는 기성이 혹시나 한두 분이라도 있지 않았는가? 혹 있었다면 그것은 진정한 의미에서 신인을 아끼는 태도라고 말할 수 없다. 아끼는 것이 역효과를 나타내는 것이 되고 만다. 모름지기 신인은 겸허한 마음으로 인생을 진실되게 봄으로써 위대하고 가치있는 작품을 창작할 수 있는 원인이 이루어지는 것이요, 나머지는 첫째도 글 공부, 둘째도 글 공부하는 것을 잊어서는 안 될 것이다.

요는 문학인의 조국이 문학에 있다는 말과 같이 문학인은 문학, 특히 작품의 세계에서만 평가된다는 것을 망각할 수 없다.

그렇다고 해서 문학에 대한 신념에서 우러나오는 문학 운동을 배격하는 것은 아니다. 우리가 붙잡고 나아가야 할 문학을 위해서는 맹진하여야 할 것은 찬언(贊言)을 필요로 하지 않는다.

다만 문학의 생리(生理)에서 떠난 작품 행동이라든가 문단 정치라는 것이 문학 생활의 또는 그 수명에 플러스되기보다 도리어 마이너스가 된다는 것을 말해 둔다.

출세 등장(出世登場)을 바라는 신인은 시면 평생을 자신할 수 있는 시 50편쯤 가지고 나오라.

소설이면 단편 열, 장편 다섯을 완필(完筆)해 가지고 나오라. 우리도 이제 차츰 그러한 문단 연대에 서 있지 않았는가. 신인이여 자중하라.

《民聲》 6권 4호 1950년 5월

制服 없는 大學生

　서울의 거리를 거닐 적마다 생각키는 것이 왜 서울 거리에는 제복(制服)한 대학생이 이렇게 안보이나 하는 것이다. 소란한 3년, 그 사이에 구태여 제모(制帽)를 쓰고 대학생을 광고할 게 무어냐 해서 이쁜 배지를 얌전히 달고 다니는 것으로 보아 알 수 있고 겨우 그것만으로도 일종의 대학생이란 긍지를 느끼기도 하리라는 점에서도 알 수 있다.
　제복한 대학생이 혹은 이 거리에서 위험을 느껴 본 적은 없는가? 그 당국에서 아직 제복을 제정 안 했다면은 그도 상당한 큰 실수에 국할 일이다. 중학생의 감격의 챙진을 참관(參觀)한 시민이면 누구나 다 느낀 바 '하는 수 없어서 당국에서도 아주 대학생은 포기할 작정인가' 해지는 것이다.
　회사원인지 직공인지 대학생인지 관리인지 모리 청년(謀利 靑年)인지 얼른 가려 볼 수 없는 사회가 흔히 말하는 자유 사회일는지는 모르되 대학이 진리를 탐구하는 학문의 집으로 국가의 동량이 길러지는 곳이라면 형식이 내용을 규정할 수 있다는 것은 여기에서도 적용되는 말일 것이다.
　선진 국가의 예에서 혹은 제복 없는 곳도 있으리라. 그러고도 좋다 하게 되려면은 아마 한 세기쯤은 문화가 높아져야 되리라 믿는 바이다. 환경의 탓도 많겠지만 일반 대학생이 공부에 짜증이나 나지 않았나 하는 느낌을 행하여 시민에게 안 주기를 바라는 바다. 국민은 대학생에게 큰 기대를 겼음 만큼 실망도 클 것이라는 것이다.

《海東公論》49호 1949년 3월 9일

避署地 巡禮
―― 設問答〔名士推薦〕

지명(地名) : 내금강 마하연(內金剛 摩訶衍)이나 표훈사(表訓寺).
노순(路順) : 만인이 다 아시는 길.
비용 : 일삭(一朔) 월액(月額) 육칠십 원.
特長 : 만폭동(萬瀑洞), 명경대(明鏡臺), 영원암(靈源菴), 수렴동(水簾洞), 망군대(望軍臺), 수미암(須彌菴), 선암(船菴), 강선대(降仙臺), 비로수즉수미제봉(毘盧水即須彌諸峯), 유고사(楡枯寺), 구룡연(九龍淵), 옥류동(玉流洞) 모두 하룻길 한나절 길이요, 백운대(白雲臺)가 침상(寢床)이요, 중향성(衆香城)이 병풍(屛風)이니 잠자리도 편하고 연인 동반(戀人同伴)이시면 그 분만은 불지암(佛地菴)에 맡기시고 조석 문안(朝夕問安)하는 것이 도리요, 매일같이 표훈사(表訓寺) 능파루(凌波樓)에 앉으시어 귀야전(歸若殿)의 고제(故齊)된 곡선을 사랑하시면 늙지 않지요. 늙지 않으시니 좋은 곳 아닙니까. 8월 기온이 삼베옷을 절대로 못 입게 하는 곳이니 피서지(避署地)로도 첫째 아닐까요.

《女性》 4권 8호

芝溶 兄

 근자 형(兄)은 혼자실 적보다 친구를 만나면 한숨을 더 많이 쉬는 버릇이 생기셨지요? 그 형을 마주 붙잡고 앉았어야 어디 내 공격(攻擊)이 바로 맞을 리인들 있어요. 그릇된 선배를 정성껏 옹호해 보다가도 불본의(不本意)라는 듯이 한숨 한번 크게 쉬는 바람에 온 방 안은 비창(悲愴)할 수도 있었으니 옹호는 그런 한숨은 옳다고 할까요. 맹금(猛禽)의 한숨! 너무 잦아서야 될 말이요. 황금 꾀꼬리는 백옥(白玉) 비둘기 한 마리 차가지고 5월달 하늘 밑 다도해(多島海)를 날아 오시오. 우리는 온전히 소생(蘇生)하지 않을까요.

*「느티나무 아래」의 기획물. 《女性》 5권 5호

3
金永郎 評傳

永郎의 詩歷餘話
情感的 究竟과 자아의 확충
永郎의 詩壇活動

金澤東

□ 金永郎 評傳·一代記

永郞의 詩歷餘話

① 잠방거리는 多島海 연안

永郞은 한국 근대시사에서 素月과 함께 抒情詩의 극치를 보인 시인이다. "그의 정열적 성격은 외양성을 띠기보다는 안으로 뚫어 한국적 고유 정서를 미화한 민족 수난의 恨과 비애를 정화된 가락으로 두들겼나 보다"라고 한 金容誠의 말과도 같이 永郞은 섬들이 오리 새끼들처럼 잠방거리는 多島海 연안의 따스한 인정과 풍물을 그의 짜늘인 듯한 섬세한 가락으로 彈奏하여 우리의 심금을 울려 주고 있는 것이다.

모란이 피기까지 찬란한 슬픔의 봄을 기다려야만 했던 永郞의 마음속을 젖어 흐르는 "끝없는 江물", 그것은 영원한 생명의 파동이며, 정열의 奔流이기도 하다.

　　가슴엔듯 눈엔듯 또 핏줄엔듯
　　마음이 도른도른 숨어 있는 곳

무엇인가 스멀거리고 있는 듯, 그 넘쳐 흐르는 생명의 율동이 잔잔히 물결쳐 온다. 마음조차도 가느다란 가락으로 짜늘여 도른거리게 한 永郞의 詩心은 맑고 파란 강물이 바다와 마주치는 다도해 연안의 아름다운 南道의 자연과 소박하고 따스한 인정 속에서 싹튼 것이다.

(1) 塔골 古家에서 태어나다

永郞은 전라남도 강진읍 남성리 221번지에서 5백 석 지주인 金鍾湖의 2남 3녀 중 장남으로 1903년 1월 6일에 태어났다. 본관은 金海, 그 가문의 대대로 이어온 지주의 아들로 태어났기 때문에 별다른 직업을 갖지 않고서도 여유있는 생활을 영위할 수 있었다.

그는 생전에 1902년 생으로 고집했다고 전해지는데 그것은 음력으로 치면 1902년 12월 18일이 되기 때문에 그 자신 그렇게 생각했던 것으로 본다. 사실로 그 당시만 해도 대개 음력으로 나이를 헤아리는 것이 통례가 아니었던가 한다.

永郞의 출생 당시 南城里 일대는 '塔골'로 불려졌다고 한다. 농업을 생계수단으로 삼고 있는 농촌으로 이 시인이 나서 자란 집은 北山 밑 대나무 숲이 둘러싸여 있고 멀리 남쪽으로는 바다가 한눈에 보이며, 가까이는 읍내를 굽어볼 수 있는 곳에 위치해 있다. 그의 어렸을 때 부른 兒名은 '채준'이고, 자라서는 본명인 允植으로 불렸으며, 雅號는 永郞으로 문단 활동은 주로 이 아호로 한 것은 널리 알려진 사실이다.

이렇게 다복했던 환경에서 티없이 자라난 영랑, 그는 한 생애를 거의 고향에서 보냈다고 할 수 있다. 따라서 그의 詩作 대부분이 그의 고향에서 소재를 취하고 있는 것이다.

고향은 누구에게나 詩的 대상이 되지 않는 경우는 거의 없을 것이다. 고향으로 향해 가는 마음은 언제나 청순하고 소박해지기 마련이다. 영랑의 경우도 예외는 아닌 듯, 고향을 떠나지 못하는 마음, 그가 살았던 시대 상황이 그를 은둔케 하지 않을 수 없었던 이유도 된다 하겠으나 영랑처럼 고향을 못 잊어 한 사람도 흔치 않을 것이다.

대대로 살아온 宗門古家의 뜰에 모란을 가꾸면서 '봄'을 기다리고 있어야만 했던 영랑의 안타까운 마음도 바로 여기에서 싹튼 것이다. 어디를 향해 보아도 世俗에 물들지 않는 순박한 人情風俗이 그를 순정의 시인으로 자라게끔 했는지도 모른다. 그의 안으로 타는 듯한 정념, 그것이 응결되어 다시 시로 꽃피어난 것이다.

(2) 徽文義塾──어린 아내를 잃다

永郎이 처음 서울에 올라온 것은 1916년의 일이었다. 강진에서 보통학교를 마치고 난 뒤 모친의 도움으로 상경하여 기독교 청년회관에서 영어를 공부했다. 이 때 영랑의 부친은 매우 완고했기 때문에, 영랑이 서울에 가는 것을 달갑지 않게 여겼다고 한다.

1917년, 그러니까 영랑이 서울에 올라온 그 이듬해 그는 徽文義塾에 입학했다. 영랑과 같은 반으로 가장 친했던 杏仁 李承萬(畵家)은 당시를 회고하여 말하기를, 서로 성격이 비슷했기 때문에 바로 사귈 수 있었으며, 그들의 학교 성적은 중간 정도였지만 평범한 학생은 아니었다. 감상적인 성격과 남달리 민족 의식이 강했기 때문에 공부보다는 나라의 독립을 위한 이야기를 보다 많이 나누었다고 한다. 영랑의 휘문 시절의 교우 관계는 같은 반의 杏仁을 위시하여 月灘·夕影·露雀·芝溶·尙虛 등과 선후배의 관계를 이루고 있었던 바,

그가 徽文義塾(現 徽文高校 前身)에 다닐 때 바로 윗학년에는 月灘이 있었고, 또 月灘의 바로 윗학년에는 夕影과 露雀이 있었으며, 永郎 바로 아래 학년에는 鄭芝溶·李瑄根(現 文敎部長官)이 있었고, 芝溶의 그 아래 학년에는 지금은 越北하여 생사를 모르는 尙虛 李泰俊이 있었다. 그리고 永郎의 같은 반에는 화가인 杏仁 李承萬이 同期同窓으로 끝까지 友誼를 지켜왔던 것이다.

라고 한 李軒求의 말로 미루어 알 수 있다. 아마도 영랑의 詩心은

이들과의 교우 관계를 통해서 발아하기 시작했는지도 모른다. 천성의 詩人 영랑에게 이런 분위기 속에서 문학적인 開眼은 그렇게 어려운 일이 아니었기에 말이다.

그 당시 휘문의숙은 5년제였는데 영랑은 3학년 때 학업을 중단하고 말았다. 1919년 기미독립운동이 일어나자 의분에 넘쳐 있었던 영랑 자신도 이 민족적 거사를 그대로 방관만은 할 수 없었다. 17세란 어린 나이로 그 운동에 과감히 가담한 것이다. 구두 속에 독립선언서를 깔아 감추고 고향 강진으로 내려가 학생 운동을 모의하다 日警에 발각 체포되어 대구 형무소에서 6개월 동안의 獄苦를 치르면서 나라 없는 설움을 체험하기도 했다.

영랑은 나이 14세 때 부모들이 정해 준 金氏家의 16세 된 규수와 결혼을 했다. 그러나 그들이 결혼한 지 1년도 채 못 되어 소생도 두지 못한 채, 영랑은 어린 아내와 사별하게 되었다. 이때 그는 휘문의숙 재학 당시로 서울에서 아내의 訃音에 접하고 단숨에 달려왔다고 한다.

비록 이들이 어린 나이로 결혼했지만 그 애정은 깊었는 듯,

    쓸쓸한 뫼아페 후젓이 안즈면
    마음은 갈안즌 양금줄 가치
    무덤의 잔듸에 얼골을 부비면
    넉시는 향맑은 구슬손 가치
               ——「쓸쓸한 뫼아페」에서

와 같이 애절한 그리움으로 가득 차 있다. 엄격한 南道의 세가에서 태어나 충충시하에서 자라난 소년으로 부부애를 겉으로 나타낼 수는 없었겠으나 영랑은 아내와 사별하자 못다한 애정을 간절히 느꼈을 것이라는 芝溶의 말과 같이 어린 아내의 무덤을 통해서 애정은

더욱 깊었는지 모른다.

(3) 靑山學院──낭만파 시의 정조에 젖어들다

형무소의 생활에서 풀려난 永郎은 독립 투사로서 그의 뜻을 굳히려 했던지 한때는 중국 상해로 가겠다는 의사를 밝힌 적도 있었다 한다. 그러나 그의 섬세한 감각과 정열은 결국 聲樂을 공부하는 쪽으로 기울어 일본으로 간 것이다.

1920년 永郎은 일본 靑山學院 중학부에 입학하였다. 이때 같은 방에서 하숙을 하게 된 朴烈(혁명가이고 무정부주의자이기도 했던 사람)과 친교를 맺게 되었다. 그리고 영랑과 끝까지 우의를 맺어 가까웠던 龍兒도 청산학원의 동창으로 처음 만나 사귀게 되었다. 영랑과 龍兒는 서로 詩作할 것을 권유하게 되면서 그들의 습작 활동이 비롯된 것인지도 모른다.

1921년 잠시 귀국했다가 이듬해 다시 일본으로 건너간 영랑은 성악 공부를 하려다 부친의 적극적인 만류로 동학원의 人文科에 진학하여 英文學을 전공했다.

> 靑雲의 뜻을 품은 그가 異域에서 키이츠와 쉘리 등의 天才的 浪漫 詩人에 傾到하게 된 것은 特記하지 아니하더라도 스스로 그리 되어지지 않을 수 없는 정상적인 길이라 하겠으나…… 逆旅의 고통을 뼈에 사무치게 맛보았을 것이다. 유리창을 통하여 들어오는 따스한 五月의 햇빛마저 이 다감한 詩人을 슬프게 하였으며 정성스러운 白衣의 천사인 異邦 女人에게 호젓한 위로의 한 가닥 실마리를 찾는 허무에 지치기도 했던 것이다.

라고 한 李軒求의 말과 같이 영랑은 그의 詩에서 낭만적이고 서정적인 요소의 확대에 많은 도움이 되었는지도 모른다.

(4) 關東大震災로 귀향·再婚하다

1923년 關東大震災로 말미암아 영랑은 학업을 중단하고 고향 강진으로 돌아왔다. 그러나 그는 고향에만 그대로 머무를 수 없어 다시 서울로 올라왔다. 그리하여 그 시대 팽배해 있었던 新興社會主義의 분위기에 휩쓸려 문사들과 친교를 맺기도 하였다.

이 무렵 젊은 문사로 활동하기 시작한 崔承一과 사귀게 되면서 알게 된 여동생 崔承喜와 열애에 빠지게 되었다. 최승희는 숙명여고 4년에 재학중이었고 후에 舞姬로 이름을 떨치기도 하였다. 어쨌든 이 둘의 사이는 가까워져 거의 결혼 단계에까지 갈 만큼 서로의 애정이 깊었지만 그들의 지역적인 차이 때문에 집안의 극심한 반대로 永郎은 쉽사리 물러나서 그녀를 단념하고 말았다는 것이다. 그 후 영랑이 지금의 부인인 개성 호수돈 여고 출신의 金貴蓮 女史와 결혼한 것은 1925년이다. 이들은 중매 결혼을 하였는데, 영랑의 숙부와 부인의 숙부는 東京 유학 시절의 친구로서 그들이 소개한 것이라고 한다. 그때 그 부인은 호수돈 여고를 졸업하고 원산 루씨 여고에서 교편을 잡고 있었다.

永郎은 결혼하여 그 부인과 고향에 머물면서 그의 본령인 서정 시인으로서 스스로의 세계를 형성해 간 것이다. 정원에 수백 그루의 모란을 가꾸고 玄琴과 북을 벗삼아 시심을 가꾸고 있었다. 그리고 그의 집 옆에 정구장을 닦아 자신의 건강 관리를 위해 정구를 치기도 하였다. 휘문 재학 시절에 축구 선수였다는 전력으로 보아 그가 스포츠에 큰 관심을 가졌다는 점도 수긍될 만하다.

林방울과 李花中仙의 가락을 좋아했던 永郎 사랑채엔 오늘날의 國唱들이 함께 놀았었다고 한다. 그가 설익은 어린 기생보다도 老妓에 열심이었던 것도 좀더 국악의 진수에 가까워 보려는 욕심에서였나 보다.

라고 한 金容誠의 말과도 같이, 歸去來한 영랑은 매우 음악을 즐겼는데, 서울에서 음악회가 열리면 반드시 상경하여 참석했는가 하면 한편으로 그의 집에 名唱들을 불러 어울리기도 했다. 영랑의 이런 음악적 취향이 그의 詩에서 섬세한 가락을 이루게 된 결정적인 요인일 수도 있다.

② 두 무명 시인과 《詩文學》의 出帆

永郞과 龍兒 朴龍喆과의 友誼는 일본 청산학원의 동창으로서 뿐만 아니라, 송정리와 강진의 동향인으로서 더욱 두터웠는지 모른다. 이들의 사이가 가장 가까웠던 平生之友였음은 널리 알려진 사실이다.

이 두 無名 詩人의 交信 속에서 싹트기 시작한 《詩文學》지의 출범으로 우리 근대사의 전환점을 이룩힐 줄은 누구도 생각하지 못했을 것이다. 아무튼 이 詩誌가 문학사적으로 보다 큰 의의를 갖게 된 것은 두 시인이 선천적으로 뛰어난 시적 재능을 타고났을 뿐만 아니라, 詩作에 끊임없는 노력을 기울였기 때문임은 말할 것도 없다.

(1) 龍兒와의 詩信 교환

永郞은 결혼 후 그의 고향에서 안주하게 되었다. 그리하여 영랑의 집에서 그렇게 멀지 않은 송정리에 있는 龍兒와 함께 詩信을 교환하고 그것이 부족하면 서로 집을 찾기도 했다. 詩信의 교환과 서로 내왕하면서 우의를 나누는 가운데 한 걸음 나아가 《詩文學》을 계획하기까지 이르게 된다.

"允植이가 나를 誤入시켰다"고 한 것은 龍兒가 영랑을 만날 때 자주 되뇌이던 말이다. 數理와 語學에서 뛰어난 재능을 보인 龍兒가

純理科系 專攻으로 나가는 것을 꺼려했던 영랑의 의도에 대한 항변이라 할 수 있겠으나, 결국 龍兒는 자신도 모르게 영랑의 유혹에 이끌려 문학으로 전향했다는 것이다. 龍兒는 이렇게 문학으로 전향하여 그의 부단한 노력으로 詩人으로서, 비평가로서, 번역가로서, 문예지 편찬자로서 우리 근대 문학사에서 지워질 수 없는 커다란 업적을 남기게 되었다.

이렇듯 영랑과 龍兒와의 사이는 긴밀했던 것으로 서로가 詩作을 권유하기도 했다. 고향에 은거하여 살면서 가장 위안을 삼게 된 것은 龍兒와의 詩信을 주고받는 일이었다. 이 시신의 교환으로 그들의 詩魂과 友情은 더욱 심화되어 갔다는 것이다.

(2) 《詩文學》지의 간행

《詩文學》지의 간행을 앞두고 龍兒가 영랑에게 보낸 私信에서 평양에 있는 梁柱東에 의하여 간행된다는 《文藝公論》에 대한 소식은 영랑이나 龍兒의 마음을 쓰게 하였고, 그것으로 말미암아 《詩文學》의 간행을 서두르게 하였는지 모른다. "하여간 芝溶·樹州 中 得其一이면 시작하지…… 나는 지용이가 더 좋으이"라고 한 말과도 같이 서둘러 상경한 龍兒에 의하여 芝溶을 얻어 永郎·龍兒·芝溶 등이 詩文學 同人의 주축을 이루게 되었다.

《詩文學》지의 간행, 이것은 어느 모로 보나 한국 근대시사에서 획기할 만한 것이다. 그 이전까지만 해도 전혀 문단에서 생소했던 두 무명의 시인, 그것도 서울에서 멀리 떨어진 남단의 강진과 송정리를 오가는 交信 속에서 배태된 것이라면, 참으로 놀라운 일이 아닐 수 없다. 이렇게 시작된 《詩文學》지는 龍兒가 서울로 옮겨옴과 동시에 급진전하여 '민족언어의 완성'이라는 커다란 과제를 안고 출발한 것이다.

우리는 詩를 살로 새기고 피로 쓰듯 쓰고야 만다. 우리의 詩는 우리 살과 피의 맺힘이다. 그러므로 우리의 詩는 지나는 걸음에 슬쩍 읽어 치워지기를 바라지 못하고 우리의 詩는 열 번 스무 번 되씹어 읽고 외어지기를 바랄 뿐, 가슴에 느낌이 있을 때 절로 읊어나오고 읊으면 느낌이 일어나야만 한다. 한말로 우리의 詩는 외어지기를 구한다. 이것이 오직 하나 우리의 오만한 선언이다……
…… 한 민족의 언어가 발달의 어느 정도에 이르면 國語로서의 존재에 만족하지 아니하고 文學의 형태를 요구한다. 그리고 그 문학의 성립은 그 민족의 언어를 완성시키는 길이다.

라고 한 《詩文學》 창간호의 편집 후기는 龍兒의 말로, 다음의 두 가지로 요약할 수 있다. 그 하나는 시문학 동인들이 들고 나온 詩는 이때까지 우리의 詩가 걸어온 咏嘆調에서 벗어나 '살'과 '피'의 결정으로 이루어진 보다 높은 차원에 있다는 것이고, 다른 하나는 '민족 언어의 완성'이리는 기칭한 과제를 세시하고 있다. 다시 말해서 한 민족 언어와 문학과의 관계에서 문학은 말할 것도 없이 민족 언어의 완성에 그 사명이 있음을 강조하고 있는 것이다.
　《詩文學》의 창간에 대한 龍兒의 의도와 동기가 어디에 있었든간에 이 두 무명의 시인 영랑과 용아는 《시문학》 간행으로 한국 근대시사에서 시인으로서 확고한 지반을 구축하게 된 것이다. 이렇게 볼 때 《詩文學》은 영랑이나 용아의 시인으로서 출발인 동시에 그것으로써 자신의 위치를 확립한 운명적인 詩誌라고 할 수 있겠다.

(3) 龍兒와의 不協和音
　龍兒는 《詩文學》지 간행 이후 《文藝月刊》과 《文學》지를 간행하였다. 모두 3-4호에 그친 단명한 잡지들이나 영랑과 용아와의 우의관계에 있어서 그 성격적인 차이를 보여 주고 있다.

永郎은 龍兒가 간행한 세 문예지 중 《文藝月刊》에는 한 작품도 발표하지 않고 있는데, 이것은 영랑의 고답적인 기질을 나타낸 것이라 할 수 있다. 龍兒가 海外文學派 異河潤 등과 《文藝月刊》을 간행했을 때 용아를 공격하여 매우 난처해 하기도 했다고 한다. 순정과 양심으로 시작한 《시문학》의 바로 뒤에 《문예월간》에서는 영합과 타협을 보였다는 점에서 영랑이 몹시 나무랐다는 것이다.

永郎이 龍兒를 또 못마땅하게 여긴 점은 시조를 쓰는 버릇이다. 그리 많은 시조 작품을 쓴 것은 아니지만, 龍兒는 林貞姬 여사에게 보낸 연시를 위시하여 培材同窓 廉亨雨와 尹心悳의 죽음을 애도한 「哀詞」 등에서 시조 형식을 시도하고 있다.

영랑과 용아와의 일시적으로 의견이 맞지 않았던 不協和는 龍兒가 작고하고 난 뒤 영랑이 1939년 12월호 《朝光》지에 쓴 「人間 朴龍喆」에서 밝혀졌다. 그러나 그런 불협화는 잠시였을 뿐이며 영랑이 《文學》지에서는 많은 작품을 발표하고 있다. 이것을 "그 다음에 나온 《文學》은 그래도 깨끗하고 당차지 않았는가"라고 한 영랑의 말을 미루어 알 수가 있다.

(4) 龍兒에 의해 『永郎詩集』이 나오다

영랑은 《詩文學》과 《文學》 양지에 「동백닙에 빗나는 마음」과 「모란이 피기까지는」 등 37편을 발표하고 있다. 이 가운데서 四行小曲이 23편인데 「못 오실 님이」는 『永郎詩集』에 수록되어 있지 않은 유일한 작품이다.

龍兒는 영랑의 詩를 자기 작품보다 아꼈다. 영랑의 시고를 여장 속에 챙겨 가지고 상경하여 1930년 《詩文學》지를 내었을 뿐만 아니라, 영랑의 시를 거의 외고 있었다는 것이다.

龍兒는 영랑이 쓴 시가 50여 편에 이르자 시집 간행을 서둘렀다. 시간적으로 芝溶의 시집이 먼저 나오기는 하였지만, 원래 예정은 영랑의 시집을 먼저 내기로 하였던 것이 영랑이 시골에 살고 있었기 때문에 다소 늦어진 것이라 한다.

영랑의 회고에 의하면 이에 못지 않게 용아의 시집 간행을 독려했으나, 용아는 좀더 기다리라고 하였을 뿐, 끝내 자신의 시집을 내지 못하고 눈을 감은 것이다. 이렇듯 영랑과 용아의 친교는 한국 근대시의 발전이라는 대전제에서 의기가 투합되고, 또 이에 대한 열정이 합치했기 때문일 것이다.

(5) 同鄕 玄鳩와의 친교

玄鳩 金炫耉는 영랑의 동향인으로서 친척간의 숙질 관계일 뿐만 아니라, 같은 시문학 동인로서의 詩友이기도 하다. 玄鳩는 《詩文學》 2호에 실린 「님이여 강물이 몹시도 퍼렇습니다」 등 4편을 위시하여 同誌 3호와 당시 龍兒가 주간한 《文藝月刊》이나 《文學》지에도 계속 작품을 발표함으로써 시단에 등장하였다.

> 孤獨·瞑想 이것이 이 시절의 玄鳩의 생활 전체이었을는지도 모른다. 오염된 世波를 혐오하고 대자연과 융합하여 인간을 사색하고 그 속에서 아름다움을 감지하려는 노력이 그 후 玄鳩의 생활에 현저히 드러난 모습이었으니 말이다.

라고 한 車富鎭의 말과도 같이 玄鳩도 영랑과 마찬가지로 향리에서 시작에 몰두하고 있었다.

요컨대 영랑과 현구와는 동향의 詩友로서 같은 자연을 배경으로 시를 쓴 것이다. 더러는 술좌석을 같이하면서 詩를 논하기도 하였다. 간혹 의견의 차이로 다툰 적도 있었지만, 이것은 그들의 시에 대한 정열의 소치인 것이다.

영랑 소개로 《시문학》을 통해 시단에 나온 玄鳩의 경우, 영랑에게

받는 영향도 없지 않을 것이다. 자주 만나 사귀며 詩를 논의하는 과정에서 서로 주고받는 것이 없다고는 말할 수 없기 때문이다.

(6) 李軒求와의 친교

李軒求와의 친교도 꽤나 오랜 듯, 李軒求가 영랑을 처음 만난 것은 1931년 龍兒의 집에서였다고 한다. 영랑의 첫인상이 담담하고 의젓해 보여 좋았다고 말하고 있는 이헌구는 서로 만나면 문학적인 이야기를 나누었다는 것이다.

영랑이 서울로 이사한 후에도 夕影과 이헌구와 같은 신당동에 가까이 살았기 때문에 자주 만나 산책을 했고 영랑의 집에서 술을 마시기도 하였다. 이때 영랑 부인의 요리 솜씨가 좋았기 때문에 주로 영랑의 집에서 술을 마셨다는 것이다.

　舊正初에 한번 형의 香土를 찾아가겠다고 은근히 언약해 놓고 벌써 한참이 되었습니다. 동백꽃 피는 남쪽나라에 가서 형의 詩에 맞추인 가야금 소리를 들을까 했더니 그도 한때의 얇은 幻想이었습니다. 일전 義州 張兄이 와서 珖兄과 셋이 德壽宮에 들어가서 가지만 남은 牧丹 꽃밭 옆에 나란히 앉아 한가지로 나는 모란이 필 때를 기다릴 테요 하고, 오후 햇볕에 서로 미소했소. 그럼 牧丹이 필 때 꼭 만납시다.

李軒求가 영랑에게 보낸 편지의 전문이다. 1939년 5월호 《女性》지에 실린 것으로 이 두 사람의 친교 관계를 엿볼 수 있다. 이렇듯 이헌구는 영랑과 가까웠던 사이로 영랑 詩碑의 건립을 적극 주선한 것으로 전해지고 있다.

3 亡國民의 비애와 좌절감

永郎의 첫 詩集이 간행된 이후, 그의 시세계는 전혀 다른 차원으로 전개된다. 그의 초기시에서 보인 섬세한 가락이 아니라, '죽음'과 좌절감의 탄성으로 점철되고 있다.

영랑의 이런 시적 전환은 무엇 때문이었을까? 그것은 그 자신의 내적 변화의 요인도 된다 하겠으나 급변하는 시대 상황의 변화에서 온 것이 아닐까 한다. 일본의 침략 야욕은 날로 가열되어 2차세계대전으로 확대되고 우리의 앞날은 더욱 암담해지고 있었다.

어디를 향해서도 차단된 벽, 깜깜한 어둠 속에서 신음하는 망국민의 비애와 좌절감이 팽만되어 있을 뿐이다. '內鮮一體'라는 구실로 젊은이들은 징병과 징용으로 끌려가 명분 없는 죽음을 당해야 했고, 날로 가중되어 가는 일본의 탄압 정책은 이 민족사의 명맥을 끊으려 갖은 수단을 강구하기까지 이르렀다.

(1) 金氏로 創氏했소

2차세계대전이 일어나자 일제의 단말마적인 탄압 정책은 날로 가중되어 갔다.

이런 시대 상황 속에서 자신을 지키려는 영랑에게도 숱한 시련이 닥쳐왔다.

강진에서는 인텔리로 손꼽히던 영랑에게 일제는 잠시도 감시의 눈을 떼지 않았다. 그러나 그는 조금도 굽히지 않았을 뿐만 아니라, 청소년 시절로부터 다져온 민족 관념을 더욱 굳히고 있었다.

일제는 그에게 創氏改名을 요구하고 나섰다. 그러나 그는 "내 집 성은 金氏로 創氏했소." 하고 거부했고, 삭발과 신사참배는 물론, 국민복을 한번도 입은 적이 없는 항일 투사로서 지조를 끝까지 지켰다고 한다.

자기를 지키며 살아간다는 것이 그리 쉬운 일은 아니다. 남의 일을 말하기란 쉽지만 직접 당사자로서 이렇듯 지조로 일관하는 삶의 行程을 엮어간다는 것, 더구나 영랑이 처해 있었던 시대에서는 더욱 그러한 것이다.

그 암담했던 현실은 그의 의지로도 극복할 수 없었던 듯 영랑은 좌절감을 갖지 않을 수 없었다. 그대로 살아가기에는 자신이 짐스럽고 괴롭기만 했던 것이다. 그리하여 영랑은 언젠가는 자신에게 닥쳐올 '죽음'을 생각하기에 이른 것이다. 더욱 못 견디게 될 극한적 상황에 이르면 목숨을 던져버리기 위하여 毒을 차야만 했고 묘비명도 써 두어야만 했다.

(2) 毒을 찬 지 오래로다

검은벽에 기대선채로
해가 수무번 박귀였는듸
내 麒麟은 영영 울지를못한다
——「거문고」에서

일본의 식민 정책이 자행된 지 20년이 지났지만, '기린', 즉 애국지사나 선량한 국민들은 옴짝도 못하고 은거하던 시대 상황을 이렇게 표현한 것이다. '이리떼'나 '잔나비떼'로 비유되는 친일 아첨배들에 대한 맹렬한 공격이기도 하다. 그 시대 우리 나라가 직면하고 있는 암담한 현실은 영랑의 사람됨으로서 '죽음'을 생각하지 않을 수 없었다. 스스로 지켜온 길을 고수하기 위해서는 가슴에 毒을 차고 다니지 않으면 안 되었던 급박한 상황이라 할 수 있다.

내 가슴에 毒을 찬 지 오래로다

> 아직 아무도 害한 일 없는 새로 뽑은 毒
> 벗은 그 무서운 毒 그만 흩어버리라 한다
> 나는 그 毒이 벗도 선뜻 害할지 모른다 위협하고,
> 　　〈中　略〉
> 나는 毒을 품고 선선히 가리라
> 마금날 내 깨끗한 마음 건지기 위하야
> 　　　　　　　　　　──「毒을 차고」에서

  여기서 '毒'의 의미는 매우 示唆的이다. 그를 둘러싸고 덤비는 '이리'와 '승냥이'들의 위협 속에서 살아야만 했던 영랑, 그는 '깨끗한 마음'을 지키려고 '毒'을 차고 다니지 않을 수 없었던 일제 말기의 상황을 이렇게 고발한 것이다.

(3) 어느 날 어느 때고 세워질 墓碑銘

  자신의 몸을 더럽히기보다는 차라리 '죽음'을 생각하고 있는 영랑, 그는 결국「墓碑銘」을 쓰기에까지 이른다. 나라를 잃어 암담하기만 했던 시대에 사는 한 시인의 절감하는 망국민의 비애와 좌절감이라 할 수 있다.

> 생전에 이다지 외로운사람
> 어이해 뫼아레 碑돌세우오
> 초조론 길손의 한숨이라도
> 헤여진 고총에 자조떠오리
> 날마다 외롭다 가고말사람
> 그레도 뫼아레 碑돌세우리
> 「외롭건 내곁에 쉬시다가라」
> 恨되는 한마듸 삭이실난가

─「墓碑銘」의 전문

　어느 날 어느 때고 그의 무덤 앞에 세워질 묘비명, 젊은 영랑이 이 작품을 쓰게 된 동기는 무엇이었을까? 그가 살던 시대 상황이 그를 그렇게 만들었을 것이라는 추정은 결코 헛된 것이라고만 할 수 없을 것이다.
　언젠가는 다가올 '죽음'을 생각하지 않을 수 없었고, 그 '죽음'을 위하여 무덤 위에 세워질 '묘비명'을 써야만 했던 것은 영랑이 너무나도 순정적인 시인이었기 때문이다.

④ 8·15해방의 감격과 6·25전란의 참화

　8·15 해방과 함께 영랑은 또 한번의 전환을 시도한 것이다. 일제 말기의 망국적인 비애나 좌절감에서 벗어나 삶의 강한 의욕과 환희로 충만된다. '죽음'이나 '무덤'의 의식은 모두 사라지고 새나라 건설의 대열에 흔쾌히 참여했다.
　그러나 이런 감격이나 기쁨도 잠시였을 뿐, 左右의 이념적 대립과 갈등으로 말미암아 6·25전란의 발발에까지 이르게 된다. 동족상잔, 그것은 너무나도 처참했던 비극이 아닐 수 없다. 사상과 이념이 다르다는 단순한 이유만으로 서로 죽이고 죽고 해야만 했던 살육의 참극을 보는 영랑의 눈은 어떠했을까? 결국 영랑 자신도 그 전쟁의 소용돌이 속에서 48세라는 짧은 나이로 非命에 가고 만 것이다.

(1) 바다 하늘 모두 가진 우리

　8·15 해방이 되자 영랑은 새나라 건설에 참여하기 위해 넓은 광

장으로 뛰쳐나왔다. 그의 초기시에서 보인 섬세한 감각이나 짜늘인 듯한 哀調와는 전혀 다른 영랑의 현실 참여에 대한 굵다란 성격의 일면을 보여 주고 있다. 이때에도 영랑이 詩를 쓰지 않았던 것이 아니나, 그보다도 현실 참여에 그의 관심이 훨씬 기울어져 있었던 점을 알 수 있다.

그는 강진에서 대한 독립 촉성회 단장으로 활약했는가 하면, 1948년 5월 10일에 실시된 제헌국회의원 선거에 출마하기도 했다. 비록 그 선거에서 낙선은 되었으나, 우리는 여기서 영랑의 정치 참여에 대한 강한 의욕을 추정해 볼 수 있다.

　　하늘이 바다요 바다가 하늘이라
　　바다하늘 모두 다 가졌노라
　　　　　　　　　　　──「바다로 가자」에서

일제 치하에서 벗어난 '우리', 조국을 되찾은 감격과 기쁨을 이렇게 노래한 것이다. 큰 하늘과 넓은 바다, 즉 나라를 빼앗겨 제한된 의식 공간에서 자유의 넓은 광장으로 뛰쳐나와 새나라의 건설에 참여하려는 강한 의욕을 나타낸 것이라 할 수 있다.

(2) 千里를 올라온다

1948년 가을 영랑은 고향의 집과 전답을 정리하고 가족을 솔거하여 서울로 이사하였다. 대대로 살아 온 古家, 대숲과 모란으로 둘러싸인 정든 생가를 팔고 서울로 옮겨 오게 된 영랑, 그는 고향이 싫어서가 아니라, 해방된 새나라의 건설에 참여하려는 보다 큰 뜻을 품고 千里를 올라온 것이다.

　　千理를 올라온다

    또 千里를 올라들온다
    나귀 얼렁소리 닷는 말굽소리
    靑雲의 큰 뜻은 모혀들다 모혀들다
                    ——「千里를 올라온다」에서

  영랑의 詩歷으로 보아 말기에 해당하는 이 詩는 「바다로 가자」와 함께 8·15해방의 감격과 환희를 노래하고 있다. 서울로 구름처럼 몰려드는 사람들, 그들은 '靑雲의 큰 뜻'을 품고 올라온 것이다. 이들의 대열에 끼여 상경한 영랑에게 '서울'은 화사한 아침 저자로 생동하고 새 역사를 창조하게 될 자랑스런 광장이었다.
  영랑과 그 가족이 서울에 이사와 정착하게 된 곳은 서울 성동구 신당동의 290의 74호이며 양옥의 단층집이었다. 영랑이 평생 처음으로 갖게 된 직장은 공보처 출판국장직이었다. 그러나 그 기간은 1949년 가을에서 1950년 봄까지로 반년여에 불과했다. 그가 출판국장으로 재직할 당시 쓴 글로「出版文化 育成의 構想」이 있다. 1949년 10월호《新天地》에 발표된 것으로 그 당시 출판문화의 현황과 그 육성책을 논술한 것이다.
  한편 이때 영랑은 조국 해방의 감격과 환희만을 노래하고 있지는 않다. 그 시대 左右의 이념적 대립과 갈등으로 동족간의 살상 행위가 자행되고 있는 時代相을 개탄하고도 있는 것이다. 이를테면「새벽의 處刑場」이나「絶望」등 일련의 작품들은 당시의 처절했던 현장을 철저히 고발하고 있는 사실을 그 예로 들 수가 있다.

(3) 未堂에게 물려줄 詩의 王冠

  우리 둘이는 明洞에 나가 술을 몇 잔씩 나누고, 지금의 서울 우편국 모퉁이 길을 돌아가다가 그는 문득 혼잣말처럼 말하였다.

"吳某보구 지금도 우리나라 詩王이라고들 한당가?" "모르겠소."…… 그랬더니, 그는 한참 말이 없다가 뜻밖에 그 독특한 幼年體의 음성으로 무어 재미나는지 재미나라고 깔깔거리면서 "王冠은 니가 써라, 내가 줄 테니……." 하였다.

위는 1962년 12월호 《現代文學》에 실린 未堂 徐廷柱의 「永郞의 일」에서 인용한 것이다. 영랑은 그의 시에 대하여 자신을 가지고 있었는 듯, 그 당시 인기가 높아 있던 芝溶과 吳章煥의 詩가 신통치 않다는 그의 솔직한 심정을 未堂에게 토로한 것이라 할 수 있다. "王冠은 니가 써라, 내가 줄 테니……"라고 未堂에게 한 말은 芝溶과 章煥에게 기울어져 있었던 인기에 대한 불만으로 은연중 자신의 위치를 과시하고 있는 것이다.

未堂이 영랑을 처음 만나게 된 것은 1936년 《詩人部落》을 내기 위하여 자문을 구하려고 찾아갔던 적선동에 있는 朴龍喆 댁에서였나. 그때 마침 음악회에 왔던 영랑과 만나 인사를 하게 되었다. 이미 《시문학》을 통해서 그의 詩를 애독하고 있었기 때문에 그렇게 생소하지는 않았으나 시를 통해서 느낀 영랑의 모습은 여성적이고 섬세한 것이었는데, 직접 대면한 첫인상은 딴판이었다고 한다.

그 뒤 8·15 해방까지 영랑이 음악회나 딴 볼일로 상경하는 기회를 이용하여 몇 차례 만났으며 그로 인해서 그들의 사이는 더욱 가까워졌다. 未堂보다 10년 위인 영랑은 미당을 부를 때 아우 부르듯이 하였고 미당도 영랑을 肉親의 형처럼 대하게 되었다. 그러나 영랑은 수줍음이 많고 소박한 촌색시 같은 성격이어서 남과 대할 때는 언제나 얼굴이 불그레해지는 것이 인상적이었다는 것이다.

이렇게 가까워진 영랑과 미당과의 관계는 해방 후 영랑이 작고하기까지 지속되었고, 영랑은 미당에게 그의 시집을 편집해 줄 것을 부탁하기도 하였다.

그는 좋아라고 自己 詩選도 내고, 대한독립운동도 하겠다 하며
"내 詩選은 자네가 봐서 고르고 跋文도 좀 붙여라" 했다.

영랑의 부탁을 받아 미당은 《永郎詩選》을 편성하여 1949년 11월 中央文化社에서 간행하게 된다. 未堂은 이 詩集의 말미에 붙인 「跋詞」에서

……내 이제 여기 한 후배로서 이 詩選集의 跋文을 草함에 당하여 先生과 함께 못내 애석해 견딜 수 없는 것은 살아 있는 鄭芝溶 氏와 돌아간 故 朴龍喆 氏의 일이다. 두 분이 다 永郎詩選의 跋文을 쓰기에는 누구보다도 적임자들이거늘 한 분은 영랑의 處女詩集을 꾸며놓고는 이내 幽明을 달리했고 또 한 분은 같은 조국 위에 있으되 乙酉해방 후 서로 뜻을 달리하고 있다. 이 어찌 애석하고 통탄할 일이 아니냐!

라 하고 있다. 이렇듯 영랑과 미당과의 관계는 同鄕人으로서 뿐만 아니라, 형제의 우의로써 긴밀해 있었던 것을 알 수 있다.

(4) 戰亂의 참화를 입어 작고하다

영랑이 출판국장으로 재직하고 있었던 1950년 정월의 일이었다. 이 해는 6·25 전란을 눈앞에 둔 민족적으로나 영랑 개인으로나 악운의 한 해라 할 수 있다.

국방부의 의뢰를 받아 전국 문화단체 총연합회에서 육·해·공군의 군가를 짓게 되었다. 그것을 위한 회합이 충무로의 어느 요정에서 있었다. 참석자는 정훈국의 담당관과 문총 대표로서 영랑과 대통령 비서관으로 金珖燮 및 朴木月 등이었다.

그 회합의 술좌석에서 화제가 한글 맞춤법 폐지론으로 기울게 되

자 金珖燮이 李 대통령의 주장을 지지하고 나섰다. 이에 대하여 영랑은 반대의 입장에서 격론을 펼쳤다. 즉 金珖燮이

> '없다'라는 말이나 '직업'의 '업'이라는 말은 똑같이 '업'이라고 말을 하는데 '없다'는 비읍·시옷의 받침을 하고 '직업'의 '업'은 비읍 받침만 할 이유는 뭐냐? 불합리하잖느냐.

라고 하자, 영랑은 얼굴이 벌겋게 달아오르더니 갑자기 술상을 뒤엎고는 "이유는 무슨 이유냐? 무조건 반대다." 하고 소리를 질렀다고 朴木月은 그 당시를 회고하고 있다. 그야말로 우리는 여기서 순수하고 순정적인 영랑의 일면을 찾아볼 수 있다.

6·25 전란의 발발은 영랑에게 운명적이고 역사적인 대사건이 아닐 수 없다. 그 당시 공보처 동료의 연락으로 미리 피신할 것을 알고 있었지만, 동승할 차를 기다리다 잘못되어 못 가고 서울에 남게 되었다. 그리하여 몇몇 친구집을 전전하면서 몸을 피하다가 UN군과 국군에 의한 서울 수복을 맞게 된 것이다. 공산군과 국군간의 치열한 공방전이 펼쳐진 9월 27일, 갑자기 날아든 파편으로 복부에 중상을 입고 병원이 없어 속수무책으로 집에서 치료를 받았으나 9월 29일 영랑은 끝내 非命에 가고 만 것이다.

처음 그의 임시 묘소는 한남동 넘어가는 길목인 장충단 공원 근처에 있었다고 한다. 무질서한 혼란이라서 제대로 장례를 치를 수 없었기 때문에 그렇게 했다는 것이다. 그 후 질서가 잡히기 시작하여 1954년 지금의 묘소인 망우리 공동 묘지로 이장하게 되었다. 空超·月灘·李軒求 등의 노력으로 「모란이 피기까지는」의 일절을 새긴 詩碑가 세워졌고 1970년 光州公園에도 龍兒와 함께 영랑의 詩碑가 나란히 세워지게 되었다.

永郎 선생, 선생의 후배 徐廷柱는 삼가 여기 엎드리어 哭하오옵니다. 後生이 有罪함을 굽어살피옵시오. 이 통곡과 이 호흡 여기 있음이 오히려 민망하옵니다.
  先生님, 이 민족과 이 국토를 어찌하고 가시었읍니까. 저 湖南 康律 海邊의 椿蒼한 대밭, 남은 유가족, 벗들과 후배 다 어찌하고 가시었읍니까⋯⋯ 선생님, 이 겨레를 대표하는 한 개의 민족 정서의 이름으로서 불리어지던 당신을 이렇게 보내드리기는 너무도 切痛하옵니다. 앞으로 오랜 세월을 두고두고 그 薰香을 맡아야 할 당신을 換腸한 同族反徒輩의 亂離 속에 보내드리다니!
  명심하오리다, 영랑 선생, 뒷일은 우리들에게 맡기시고 거기 당신이 이승에서 마련하신 淸明 속에 계시옵소서. 길이 끊이지 않고 받혀질 당신의 後生들의 拜禮와 그 꽃다발을 받으시옵소서.

  영랑이 작고하고 난 3개월 뒤 未堂이 바친 「哭 永郎 先生」에서 인용한 것이다. 영랑의 詩的 行程은 이렇게 끝나고 만 셈이다. 그의 詩 대부분이 고향 강진을 배경으로 하고 있다. 그것은 그가 생애의 거의를 고향에서 보냈기 때문일 것이다. 약 2년간의 서울 생활은 그의 새출발을 위한 준비기간에 지나지 않았을 뿐 새삶을 계획하고 결실을 얻기에는 너무나 짧은 기간이었다.
  대숲과 모란으로 둘러싸인 탑골 古家에서 바라다뵈는 다도해 연안, 영랑은 그곳에서 태어나 자랐고 또 그 생애의 대부분을 보내면서 시를 쓴 것이다. 영랑이 그 고장을 떠난 것은 살아서였지만 그가 남겨 놓은 詩에서 그곳의 풍물을 우리는 흠씬 느끼게 된다. 섬들이 오리 새끼들처럼 잠방거리고 물새들이 한가로이 나는 파란 물결 속에 그 섬세한 영랑의 詩는 南道의 가락과 어울려 카랑카랑 목소리로 파문짓고 있는 것이다.

□ 金永郞 評傳·作品世界

情感的 究竟과 자아의 확충

1 緒 論

　永郞 金允植은 1930년 3월에 창간된 《詩文學》 동인의 한 사람으로 詩壇에 등장한 시인이다. 세속의 名利를 탐하여 몸을 더럽히기보다는 은둔하여 대숲으로 둘러싸이고 바다로 향한 고향의 집의 뜰에 곱게 피는 모란을 어루만지면서 詩心을 가꾸는 것이 당시의 시대적 상황으로 볼 때 그에게는 훨씬 떳떳한 길이었는지도 모른다.
　모란이 피기까지 줄기차게 기다리던 '봄'의 상징적 의미가 그 무엇이었든지간에 영랑은 다분히 혁명가적 기질의 일면도 있있다는 것이다. 17세의 어린 나이로 맞이한 己未독립운동의 대열에 흔연히 참가했다가 獄苦를 치른 일 하며, 倭京 靑山學院에 유학할 당시 혁명가 朴烈과 함께 같은 하숙에 기거하면서 의기가 상합하여 망국민의 비애를 나누던 일, 그리고 일제 말기의 단말마적 억압 속에서도 끝내 창씨개명을 거부하고 신사참배를 한번도 하지 않았던 곧은 志節은 그 시대 누구나 할 수 있었던 쉬운 처신만은 아니었다.
　그러나 영랑은 이러한 前歷과 지사적 기질을 가졌음에도 그의 초기시에서는 전대의 시인이나 작가와도 같이 사회나 현실을 직접적으로 표방하고 나서지는 않았다. 그의 맑고 아름다운 가락으로 나라를 빼앗긴 망국한을 정화하여 인간 個我 속에 깃들인 비애와 절망, 그 자체의 순수한 감정으로 표상하고 있는 것이다. 한마디로 영랑은 정서를 한껏 순화하여 맑고 고요한 湖心과도 같은 詩境, 그 위에 섬세한 가락으로 한국시사에서 素月과 함께 서정시의 극치를 이룩한 것이다. 영랑의 이러한 시적 특색을 朴龍喆은 「丙子詩壇의 一年成果」에서 말하기를,

  그의 詩에는 세계의 정치 경제를 變革하려는 유의 야심은 추호도 없다. 그러나 "너 참 아름답다. 거기 멈춰라"고 부르짖은 한순간을 표현하기 위하여, 그 감동을 언어로 변형시키기 위하여 그는 捨身的 노력을 한다. 그는 우리의 신경를 변혁시키려는 야심이 있는 것이다. 정밀한 언어는 이 겸손한 야심을 어느 정도까지 실현하고 있다. 이 喧騷한 시대에서 이렇게 고요한 아름다운 서정의 소리에 기울이는 귀는 극히 소수일지 모르나 시끄러운 舖道 위에서 오히려 이니스프리의 물결소리에 귀를 기울일 수 있는 사람은 『永郎詩集』 가운데서 좁은 의미의 서정주의의 한 극치를 발견할 것이다.

라 하고 있다. 이와 같이 영랑은 '捨身的 노력'을 기울여 어느 한순간의 미적 감동을 포착하여 '서정주의의 극치'를 이룩해 놓은 시인이다. 그러나 영랑은 같은 시문학 동인이었던 박용철이나 정지용의 말과도 같이 그의 고귀한 결벽성 때문에 8·15해방 전까지만 해도 별로 논의의 대상이 되지 못했다. 다만 위의 「丙子詩壇의 一年成果」에서 한 말과, 「辛未詩壇 回顧와 批判」에서,

  永郎의 詩를 만나시려거든 《詩文學》誌를 들추십시오. 그의 四行曲은 천하일품이라고 나는 나의 좁은 聞見을 가지고 단언합니다. 美란 우리의 가슴에 저릿저릿한 기쁨을 일으키는 것(A thing of beauty is a joy for ever)이라는 것이 美의 가장 狹義的이요 適確한 정의라 하면 그의 詩는 한 개의 표준으로 우리 앞에 설 것입

니다.

라고 한 것을 위시하여 李源朝와 정지용의,

　○ ……非意慾的이다. 이 시인이 자꾸 이대로 나가면 뮤즈까지 질투할 것이다. 칭찬, 공격할 필요도 없이 그냥 둘 수밖에.
　○ 永郞 詩를 논의할 때 그의 주위인 南方 多島海風의 자연과 기후에 감사치 않을 수 없으니, 물이면 거세지 않고 산이면 험하지 않고 해가 밝고 하늘이 맑고 땅이 기름져 겨울에도 장미가 피고 양지 쪽으로 옮겨 심은 배추가 통이 앉고 젊은 사람은 숨바지가 훗훗하여 입기를 싫어하는가 하면 海洋氣流 관계로 여름에 바람이 시원하여 덥지 않은 이상적 南國 풍토에 첫 正月에도 붉은 동백꽃 같은 일대의 서정시인 永郞이 하나 남직한 것도 자못 자연한 일이로다.

라고 한 것 등을 들 수 있다. 전자 源朝의 말은 그 내용으로 미루어 月評類에서 한 것이고, 후자 정지용의 말은 '永郞과 그의 詩'를 부제로한 「詩와 鑑賞」에서 인용한 것이다. 영랑의 詩 전반을 대상으로 하여 집중적으로 논의한 것은 정지용의 「詩와 鑑賞」밖에 없는 셈이다.
　하여간 영랑의 시작 전반에 걸친 분석 평가가 이루어져 그의 시사적 위치를 확립하려는 시도는 해방 후의 일로, 서정주의 「永郞의 抒情詩」에서 비롯되었다. 그 후 永郞 詩의 자료 정리는 물론 시 자체의 분석 평가도 활발히 전개되었던 바, 그 대표적인 것은 鄭泰鎔의 「金永郞論」, 金相一의 「金永郞 또는 卑屈의 形而上學」, 鄭漢模의 「조밀한 抒情의 彈奏」, 宋永穆의 「韓國詩 分析의 可能性」, 金南石의 「牧丹에 꽃핀 原色의 非哀」 등과, 《文學思想》 24호에 기획된 「韓國

現代文學의 再整理」(金永郎篇)가 있다.

  그러나 이들은 거의 영랑 詩의 운율이나 시어법과 같은 형태적인 면에 집중되어 있거나, 아니면 몇몇 작품으로 한정한 부분적인 논의에 그쳐 있음을 볼 수 있다. 따라서 본고에서는 이러한 형태적인 몇몇 작품으로 한정한 분석을 지양하고 영랑 詩의 전반을 대상으로 그의 詩歷에 따른 사상의 변위 과정을 살펴보기로 한다.

② 燭氣와 情感的 究竟

  '燭氣'란 무엇인가? 영랑은 일찍이 서정주와의 대화에서 그 나름대로 '촉기'의 본질을 규정하고 있다. 이것은 후일 서정주가 영랑을 회상하여 쓴「永郎의 일」에 나타나 있는데, 인용해 보면

    男唱으론 林방울의 소리를 좋다 하고 女唱으론 李花中仙과 그 아우 李中仙의 소리를 좋다고 소개하면서, 특히 李中仙의 소리엔 '燭氣'가 있어 더 좋다고 했다.
    '촉기'라 하는 것은 무엇인가 물으니, 그것은 같은 슬픔을 노래부르면서도 그 슬픔을 딱한 데 떨어뜨리지 않는 싱그러운 음색의 기름지고 생생한 기운을 말하는 것이라 했다.

라 하고 있다. 한 마디로 촉기는 '같은 슬픔을 노래부르면서도 딱한 데 떨어지지 않는, 싱그러운 음색과 기름지고 생생한 기운'이라는 것이다. 이러한 개념 규정이 어떤 객관성을 띤다고 하기보다는 영랑 나름대로의 독특한 해석으로 전라도 지방에 유포되고 있는 '육자배기'를 위시한 우리 고유 민요 속에 면면히 흐르고 있는 情調를 이렇게 말한 것이다.

이런——영랑의 말씀에 의하면 '촉기'라 하는 것은, 오랜 동안의 우리 민족의 逆境살이 속에서 우리 詩精神들이 많이 지나치게 설움에 짓눌려 있었던 것들을 생각하고 반성해 볼 때, 역경살이 속에서는 참으로 귀하고 힘센 寶華라고 생각한다. 역경에 민족 정서가 두루 이 '촉기'를 잃어버리고 만다면 어찌하는가? 누군가는 그래도 세게 있어서 이것을 유지하고 있어 주어야 할 일 아닌가? 그렇게 생각할 때 永郞의 이 '촉기'는 참으로 귀하고도 壯士의 노력의 결과라고 讚嘆 아니할 수가 없는 것이다.

위의 인용은 영랑이 말한 '燭氣'에 대한 서정주 나름대로의 해석이다. 사실로 우리 민족이 지난 역사 속에서 온갖 역경을 극복하고 민족 정서 속에서 맥맥히 이어온 '촉기'야말로 가장 소중스런 '寶華'가 아닐 수 없다. 이 '촉기'는 영랑 詩의 특질을 이루는 것으로, 그 초기시에 흐르는 칠칠한 정서는 전통적인 고대 시가나 민요의 '원천적 情緖'에서 이어받은 것이다. 그는 이러한 원천적 정서를 바탕으로 音質의 선택은 물론, 音韻의 조화, 音相의 변혁 및 새로운 이미지의 창조에 이르기까지 섬세하게 표출시키고 있다. 《시문학》과 《문학》양지에 발표된 시편들을 중심으로 엮은 『永郞詩集』초판본에 수록되어 있는 그의 초기시에서 대체로 자연에 대한 깊은 애정과, 對人生 태도에 있어서도 강한 역정이나 회의가 없음은 바로 영랑 자신이 말하고 있는 '촉기'의 한계가 아닐까 한다.

(1) '내 마음'과 시적 발상법

영랑의 초기시는 '내 마음'에서 발상하고 있다고 해도 과언은 아닐 것이다. 여기서 '내'나 '나'의 의미는 '마음'과의 상관선상에서 고려될 성질의 것이지, 결코 '그'와 '너', 그리고 '우리'와의 대립적인 입장에 서는 것은 아닌 듯싶다.

내마음의 어딘듯 한편에 끗업는 강물이 흐르네
　　도처오르는 아츰날빗이 빤질한 은결을 도도내
　　가슴엔듯 눈엔듯 또 핏줄엔듯
　　마음이 도른도른 숨어잇는곳
　　내마음의 어딘듯 한편에 끗업는 강물이 흐르네
　　　　──「동백닙에 빗나는 마음」의 전문

　이 詩는 1930년 3월에 간행된 《詩文學》 창간호의 권두에 수록되어 있다. 이외에도 동지에는 「어덕에 바로 누어」・「누이의 마음아 나를 보아라」・「四行小曲 七首」・「除夜」・「쓸쓸한 뫼 아페」・「원망」 등 12편을 발표하고 있다. 따라서 이들은 영랑이 처음으로 詩壇에 등장하게 된 계기를 지어준 작품들일 뿐만 아니라, 앞으로 전개될 영랑 詩의 방향을 제시해 주고도 있는 것이다.
　「동백닙에 빗나는 마음」은 후에 「끝없는 江물이 흐르네」로 改題되었으나, 이 詩에 흐르는 '칠칠한 燭氣야말로 영랑 詩精神의 가장 중요한 특질'이라고 한 서정주의 말과도 같이, 그 애절하면서도 그렇게 슬프지 않은 情恨이 면면히 흐르고, '가슴'・'눈'・'핏줄' 할 것 없이 그 어느 곳에도 마음이 도른거리지 않는 곳이 없다. 그 마음에 흥건히 젖어 흐르는 강물, 이것은 바로 정감의 세계이며, 영랑시의 서정성은 이 마음에서 비롯되고 있는 것이다.

　　돌담에 소색이는 햇발가치
　　풀아래 우슴짓는 샘물가치
　　내마음 고요히 고흔봄 길우에
　　오날하로 하날을 우러르고 십다
　　　　──「내마음 고요히 고흔봄 길우에」에서

내혼자ㅅ마음 날가치 아실이
그래도 어데나 게실것이면

내마음에 때때로 어리우는 티끌과
속임업는 눈물의 간곡한 방울방울
푸른밤 고히맺는 이슬가튼 보람을
보밴듯 감추엇다 내여드리지
                    ——「내마음을 아실이」에서

 이 두 편의 시는 다같이 '마음'을 표제로 한 것으로, 영랑의 초기 시에 해당한다. 전자 「내마음 고요히 고흔봄 길우에」는 《시문학》 2호에 발표된 것이지만, 후에 이 시의 첫 행절을 따서 「돌담에 소색이는 햇발」로 改題하고 있다. 외형으로 보아 구김새 없이 짜여진 詩語들 하나하나가 표상하는 이미지의 선명도는 물론, 그 율격조차도 곱게 다듬어진 작품이라 힐 수 있나. 그리고 이 시의 마지막에서 실비단 하늘을 우러르고 바라보는 것은 '눈(眼)'이 아니라, 그것을 우러르고 바라보고 싶은 '마음'이다. 외계의 사물을 감각적으로 투시하려 들지 않고 그 근원적인 '마음'으로 끌어들이고 있는 것이다.
 그리고 후자 「내마음을 아실이」는 《詩文學》 3호에 발표된 작품으로, '내 마음' 곧 '내 혼자 마음'을 알 사람은 어느 곳에도 없다는 것이다. '마음에 어리우는 티끌'과 '소리 없는 눈물', 그리고 '이슬 같은 보람'을 내드릴 사람은 있지도, 있을 수도 없는 오직 '내 혼자 마음'밖에 없는 고독 속으로 침잠하고 만다. 어느 한 대상에 대한 사랑의 情炎, 그것이 조국이건 민족이건간에 '불빛에 연기인 듯' 흐려지는 '내 혼자 마음'만을 영랑은 안타까워할 따름이다.
 영랑의 詩, 특히 그 초기시는 '내 마음'에서 발생하고 있다. 이에 대하여는 鄭漢模·宋永穆 두 분도 이미 지적한 바, 한 마디로 영랑은 외계의 상황이나 사회 현실과는 거의 차단하고 '내'와 '마음'의 내적인 세계에 머물면서 그 예리한 촉수로 情感的 究竟을 더듬어 갔다는 것이다. 사실 영랑의 詩語 가운데 '내'와 '마음'의 빈도수는 양적으로 압도적인 비율을 차지하고 있다. '마음'이나, '마음'과 같은 뜻으로 씌어진 '가슴'은 물론, 이들이 '내'와 연결되어 '내 마음' 또는 '내 가슴'이 되어 있는가 하면, '흐르는 마음'·'서어한 가슴'·'접힌 마음'·'봄마음'·'따르는 마음'·'희미론 마음'·'애끈한 마음'·'파리한 마음'·'붉은 마음'·'독한 마음'·'어린 마음'·'마음실'·'마음결' 등 이외도 얼마든지 있다. 그런데 이들은 대체로 다음의 세 가지로 유형화할 수 있다.

첫째, '마음' 또는 '가슴'이 '내'와 직접 이어져 '내 마음' 또는 '내 가슴'으로 되어 있는 경우다. '내 마음'이나 '내 혼자 마음' 그리고 '내 가슴'이 그 文脈 속에서 나타내는 의미는 서로 다르겠으나, '내'와 '마음' 및 '가슴'을 직결시킨 것은 영랑의 의도적 설정이 아닐 수 없다. '내 마음'의 의식적 차원이 어느 한계라고 정확히 말할 수 없지만, 心魂 깊이 뻗치는 심층적 차원은 아닌 듯싶다. 감성적 차원으로서의 '내 마음'임은 이들이 위치한 문맥에서 그렇게 느끼게 한다. 깊이 생각케 하는 심혼의 세계라기보다는 그런 마음을 감득케 하는 감성의 세계로서의 '내 마음'과 '내 가슴'이 아닌가 한다.

둘째, '마음'이 '흐름'이나 '가는'과 관련되어져 항시 動的 律動의 상태로 있는 경우다. 이것은 영랑의 마음 속에 흐르는 음악과도 같은 어떤 律動美를 이름이겠으나, 그 율동은 언제나 애끈한 가락으로 파문짓고 있는 것이다.

'마음'이 '떠도는'·'가고가고'·'따르는'·'젓는'·'가는'·'떠날러 가는' 등과 연접되어 영탄적인 흐느낌이나 동적 율동의 상태로까지 이끌어 그 정서를 홍건히 젖어 흐르게끔 하고 있다.

홍건히 젖어 흐르는 마음, 이것이 영랑 詩의 서정적 基調를 이루고 있는 것이 아닐까 한다.

셋째, '마음'의 앞에 색채어 관형어가 아니면 접미어를 구사하여 '마음'을 형상화하고 있는 경우다. 無形의 '마음'을 여러 양태로 시각화하고 있는 것을 이름이다. 다시 말해서 '실'과 '결'의 접미어로 '마음'을 길게 잡아 늘여 섬세한 감각으로 형상화하고 있는가 하면, '붉은'·'파리한'·'희미론'과 같은 색채어에 의한 視覺化, 또는 '안쓰런'·'애끈한'·'접힌'·'귀여운' 등의 관형어 구사로 '마음'의 여러 양태를 표현하고 있음을 예로 들 수 있다.

이와 같이 '마음'의 한정된 테두리 안에서 곱고 아름다운 율조를 고른 영랑의 시는 '마음', 곧 자아의 내부 세계에다 그 발상법을 두고 있다. 외부와는 일체를 차단하고 오직 강물처럼 홍건히 젖어 흐르는 '마음'의 세계를 노래한 율조는 정감적 구경을 이루고 있을 뿐만 아니라, 이것이 바로 영랑 자신이 말하고 있는 '燭氣'이기도 하다.

(2) 悲哀의 律調와 燭氣

영랑의 詩에서 '슬픔'이나 '눈물'의 용어가 수다히 반복되고 있다. 그러나 이 용어들이 표상하는 비애 의식은 그 전대의 시인들처럼 영탄이나 감상에 기울어지지 않고 '마음'의 내부로 향해 있을 뿐만 아니라, 면면한 情恨의 율조로 극복하고 있는 것이다.

영랑의 詩에 나타난 '눈물'은 외부로 흐르는 영탄의 '눈물'이 아니라, 하나의 소재로서 소화되고 있다. 뿐만 아니라 눈물은 감성의 차원에 머물러 흐르는 것이 아니고 그 뒤에 知性의 뒷받침이 작용하고 있는 것이다. 그의 초기 시어로 '슬픔'·'애달픔'·'서러운'·'눈물' 등과 같은 용어의 빈도수와 이들 용어가 표상하고 있는 비애 의식은 그의 豊穰한 정서와 섬세한 律調에 의해서 純化되고, 눈물조차도 겉으로 流露되지 않은 채 마음 속으로 여울지고 있는 것이다.

영랑의 이런 비애 의식은 이미 그 초기시에 나타나 있음을 볼 수 있다. 어린 나이로 결혼한 그는 아내와의 애정도 싹트기 전에 死別하였다고 한다. 그러나 그가 결혼하여 잠시 만났다가 헤어진 아내이지만, 그에게 아내는 곱고 아름다운 聖母와도 같은 존재였는지 모른다. 그의 아내를 잃은 슬픈 상처가 초기시에도 나타나 있는 바, 그 대표적인 예로 「쓸쓸한 뫼아페」가 있다.

    쓸쓸한 뫼아페 후젓이 안즈면
    마음은 갈안즌 양금줄 가치
    무덤의 잔듸에 얼골을 부비면
    넉시는 향맑은 구슬손가치
      산골로 가노라 산골로 가노라
      무덤이 그리워 산골로 가노라
                  ——「쓸쓸한 뫼아페」의 전문

鄭芝溶의 말과도 같이 영랑이 '죽음'이나 '무덤'을 알게 된 것은 아내를 잃은 뒤 그 '무덤'에서였으며, 아내에 대한 애정조차도 무덤 위 잔디풀에서 느꼈는지도 모른다. 아내의 '무덤'을 통해서 알게 된 한 인간의 '죽음'과 그에 따르는 슬픈 감정, 그리고 하늘 멀리 아슬하게 사라져 간 아내의 뒷모습을 바라보는 버릇, 바로 여기서 영랑의 비애 의식은 배태하기 시작한다.

    좁은 길가에 무덤이 하나
    이슬에 저지우며 밤을 새인다
    나는 사라져 저별이 되오리

뫼아래 누어서 희미한 별을

이라고 노래한 「좁은 길가에 무덤이 하나」를 위시하여 「어덕에 바로 누어」·「못오실 님이 그리웁기로」·「어덕에 누어 바다를 보면」 등의 四行小曲은 영랑의 시 가운데서 극히 초기에 해당하는 1920년대에 써진 작품들로, 그의 아내를 잃은 상처가 가시기 전 鄕里의 주변을 배회하면서 읊조린 것들이 아닌가 한다. 어느 누구도 지켜 줄 임자 없는 무덤, 그 아래 누워서 희미한 별을 우러르는 것들이 아닌가 한다. 어느 누구도 지켜줄 임자 없는 무덤, 그 아래 누워서 희미한 별을 우러르는 「좁은 길가에 무덤이 하나」라든지, 또는 언덕에 누워 먼 하늘, 아슬한 푸른 하늘 속에 '떠오는 얼골', 다시 말해서 '못오실 님'에 대한 비애의 눈물과 그리움을 노래한 「어덕에 바로누어」·「못오실 님이 그리웁기로」·「어덕에 누어 바다를 보면」 등은 모두가 죽어간 아내를 생각하고 쓴 것으로 여겨진다. 이렇게 '떠오는 얼골', 즉 죽이긴 아내는 불행의 詩神으로 화하여 영랑 앞에 나타난다. 그러나 이 詩神은 聖母와도 같은 모습은 아닐 것이다. 한국적인, 그것도 村里의 소박하고 티없이 맑은 '시악시'로 顯現되고 있는 것이다.

> 그 색시 서럽다 그 얼골 그 동자가
> 가을 하날가에 도는 바람숫긴 구름조각
> 핼슥하고 서느라워 어대로 떠갓스랴
> 그 색시 서럽다 옛날의 옛날의
> ——「그 색시 서럽다 그 얼골 그 동자가」의 전문

四行小曲을 위시한 영랑의 초기시에 나타난 '시악시'·'색시'는 死去한 아내의 표상이기도 하다. 그러나 이러한 아내의 죽음과 그에 따르는 슬픔이나 눈물, 또는 그리움은 모두가 전통시가나 민요 속에 맥맥히 이어져 온 情恨과 율조를 바탕으로 하고 있는 비애 의식이며 고독감이기도 하다.

 영랑 詩 전반에 나타난 비애 의식을 金海星 교수는 「金永郎論」에서,

  '現代詩' 중에서도 순수한 우리들의 內向的 슬픔과 靜的 슬픔의 조화 속에 인생과 자연과 사회와 自我의 세계를 융합하고 조화시켜 작품화한 영랑 시인이 있다.

라고 전제하고, 그것을 유형화하여 '심화된 슬픔'·'애련한 슬픔'·'아픔의 슬픔' 등 세 가지로 나누고 있다. 그러나 이런 유형화가 어떤 객관성을 가질는지 모르지만, 영랑의 '슬픔'이나 '눈물'의 의미는,

  눈물속 빗나는 보람과 우슴속 어둔 슬픔은
  오직 가을 하날에 떠도는 구름
  다만 후젓하고 줄대하는 마음만 예나 이제나
  외론밤 바람숫긴 찬별을 보랏슴니다
      ——「四行小曲, 눈물속 빗나는 보람과
        우슴속 어둔 슬픔은」의 전문

  눈물에 실려가면 山길로 七十里
  도라보니 찬바람 무덤에 몰리네
  서울이 千里로다 멀기도 하련만
  눈물에 실려가면 한거름 한거름

뱃장우에 부은발 쉬일가보다
달빛으로 눈물을 말릴가보다
고요한 바다우로 노래가 떠간다
서름도 붓그러워 노래가 노래가
   ——「눈물에 실려가면」의 전문

등과도 같이 '죽음'이나 '무덤', 그리고 '그리움'을 바탕으로 한 '슬픔'과 '눈물'이다. 이런 눈물의 기록은 單調라기보다는 純調로서, '精金美玉의 純粹'라고 한 鄭芝溶의 말과도 같이 영랑의 시에 나타난 '눈물은' 티없이 맑은 마음속을 젖어 흐르는 강물과도 같은 것이다.

한마디로 영랑의 시에 나타난 '슬픔'이나 '눈물'이 표상하는 비애 의식은 전통시가나 민요에 흐르고 있는 것과도 같은 것이다. 역사적으로 외세의 침략에 의한 숱한 역경과 고난을 극복하고 나온 민족 정서 속에 깃들어 있는 인고의 우수라고 할 수 있다. '시집살이' 민요나 이와 유사한 민요에서도 볼 수 있듯이 갖은 학대와 질시 속에서도 참고 끈질기게 살아가는 여인네의 '애끈하고' '서어한', '슬픔'이며 눈물이다.

앞의 '燭氣'를 논의하는데 밝혔듯이, 영랑의 이렇게 짜늘인 듯한 가늘한 '슬픔'과 '눈물'은 의식의 심층적 심혼의 세계에 있는 것이 아니고, 감성의 차원에 있으면서도 영탄이나 감상에 기울지 않고 있음은 바로 이 '촉기'에 의해서 극복하고 나온 것이라 할 수 있다. 다시 말해서 영랑의 시에 나타난 '슬픔'이나 '눈물'은 겉으로 흐르지 않고 마음속으로 젖어들어 흥건히 흐르는 강물과도 같은 것이다.

민요를 좋아했고, 민요에 대해서 일가견을 이루었던 영랑이 민요의 율조나 정서를 그의 시에 도입하고 있음은 결코 무리는 아닐 것이다.

    자네 소리하게 내 북을 치제

    진양조 중머리 중중머리
    엇머리 자저지다 휘모라보아

    이렇게 숨결이 꼭마저사만 이룬 일이란
    人生에 흔치않어 어려운 일 시원한 일

    소리를 떠나서야 북은 오직 가죽일뿐
    헛때리면 萬甲이도 숨을 고쳐 쉴 밖에

    長短을 친다는 말이 모자라오
    演唱을 살리는 伴奏쯤은 지나고
    북은 오히려 컨닥타요

    떠받는 名鼓인듸 잔가락을 온통 잊으오
    떡떡궁 靜中動이오 소란속에 고요있어
    人生이 가을같이 익어가오

    자네 소리하게 내 북을 치제
                       ——「북」의 전문

와 같은 「북」을 위시하여 「가야금」・「거문고」라는 표제로 된 詩에서도 볼 수 있듯이, 영랑은 향리의 아름답고 고요한 자연에 묻혀 '북'・'거문고'・'가야금' 등과 같은 악기를 벗삼고 있었을 뿐만 아니라 그들에 대한 거의 전문적 경지에 이르러 있었다고 한다. 그리고 그가 '판소리'보다는 전라도 지방에 유포되고 있는 '六字배기'와 '홍타령'을 훨씬 즐겨 불렀으며, 洋樂에도 이에 못지않은 조예가 깊었음은 정지용과 박용철의 말에서도 알 수 있다.

영랑의 음악에 대한 심취나 조예가 그의 시적 운율을 이루고 있음은 말할 것도 없다. 그의 시에 흐르는 정감은 물론, '슬픔'이나 '눈물'이 표상하는 비애도 전통시가나 민요에 흐르는 면면한 정한을 바탕으로 하고 있으며, 그 비애를 극복하는 끈질긴 힘조차도 그들 속에 흐르는 정서, 아니 영랑의 말을 빌어 '촉기'에 있는 것이다.

(3) 모란과 '봄'의 상실감

영랑의 詩에서 '五月'을 소재로 한 것을 그 특색으로 들 수 있다. 작품수의 비율로 그렇게 큰 비중을 차지하는 것은 아니나, 영랑의 강렬한 의노석 반영임은 말할 것도 없다. 「五月」・「五月 아츰」・「五月恨」 등과도 같이 '5월'을 직접 표제로 하고 있는 후기시는 물론 「가늘한 내음」이나 「모란이 피기까지는」과 같은 초기시에서도 '5월'을 소재로 하고 있다. 모란이 피는 '5월'에다 봄의 마지막 기대를 걸고 있는 영랑에게는 봄과 여름의 경계인 '5월'은 '찬란한 슬픔'의 계절인지도 모른다. 봄 가운데서도 온갖 꽃들이 盛開하는 계절이 아니고 굳이 5월에 피는 '모란'을 통하여 自我의 상실감을 되찾으려는 것은 이 시인의 의도에서 설정된 것일 뿐만 아니라 그의 詩를 더욱 哀傷的이게끔 하는 소이도 바로 여기에 있는지도 모른다.

영랑에게 모란은 물질화한 원초적 사물로서 고향과 직접 연결된다. 고향이란 하나의 영역이 아니라, 하나의 물질이라고 한 바슐라르(Bachelard, Gaston)의 말과도 같이 '모란'은 영랑이 편애하는 이미지이며 하나의 원시적 감정이 되고 있다. 다도해 연변에 위치한 영랑의 고향집, 그 뜰에 즐비하게 피어 있는 '모란'은 물질화한 원형, 곧 환상의 세계 속에 핀 꽃으로 고향을 환기할 수 있는 하나의 사물이다.

5월의 모란에다 '봄'의 온갖 기대를 걸고 있는 '봄'의 상징적 의미는 다양하다. 그리하여 이제까지 여러 사람에 의해서 논의되어 온 '봄'에 대한 해석의 구구함도 바로 여기에 있는 것이다. 5월의 모란에서 느끼는 영랑의 봄은 특이할 뿐만 아니라, 그 봄이 표상하고 있는 의미조차도 단순하지는 않다. 무엇인가 스스로 잃었던 상실감에서 벗어나려는 기대가 온통 '모란'에 집중되어 있는 것이다.

> 내 가슴속에 가늘한 내음
> 애끈히 떠도는 내음
> 저녁해 고요히 지는데
> 머니山 허리에 슬리는 보랏빛
> 오! 그 수심뜬 보랏빛
> 내가 일흔 마음의 그림자
>
> 한이틀 정녈에 뚝뚝 떠러진 모란의
> 깃든 향취가 이 가슴노코 갓슬줄이야
>
> ——「가늘한 내음」에서

「가늘한 내음」은 《詩文學》 2호에 발표된 초기 작품으로 鄭芝溶은 말하기를,

> 詩도 이에 이르러서는 무슨 註釋을 시험해 볼 수가 없다. 다만 시인의 五官에 자연의 광선과 색채와 芳香과 자극이 交錯되어 생

동하는 기묘한 슬픔과 기쁨의 음악이 오열하는 것을 體感할 수밖에 없다.

라고 하고 있다. 사실로 모란의 '내음'조차도 가늘게 하여 '가슴(마음)'을 휘감고 있는 이 詩는 향취를 맡는 것조차도 후각이 아니라 '마음'이다. 모란이 지고 난 뒤 '마음'을 휘감고 도는 모란의 殘香으로 '봄'을 되찾으려는 몸부림도 헛되이 '봄'은 '머ㄴ산 허리에 슬리는 보랏빛'처럼 遠景으로 깔리는 상실감이 깃들어 온다. 영랑의 자아와 인생에 대한 '보랏빛' 같은 기대와 신뢰감이 모란의 落花와 함께 상실하고 만 哀愁와 허전함을 주제로 하고 있다. 그런데 이 詩의 2·3연에 나타난 모란의 향취와 '봄'의 상실감은 바로 「모란이 피기까지는」으로 이어진다.

      모란이 피기까지는
      나는 아즉 나의 봄을 기둘리고 잇슬테요
      모란이 뚝뚝 떠러져 버린날
      나는 비로소 봄을 여흰 서름에 잠길테요
      五月 어느날 그 하로 무덥든날
      떠러져누운 꽃닢마져 시드러버리고는
      천지에 모란은 자최도 없어지고
      뻐처오르든 내보람 서운케 문허졌느니
      모란이 지고 말면 그뿐 내 한해는 다 가고 말아
      三百예순날 하냥 섭섭해 우옵내다
      모란이 피기까지는
      나는 아즉 기둘리고 잇슬테요 찬란한 슬픔의 봄을
           ——「모란이 피기까지는」의 전문

이 詩는 영랑의 대표작으로 《文學》 3호에 발표되어 있다. 모란 속에서 자신의 삶의 보람을 느낀 영랑은 이 시에다 '기다리는 情緖'와 '잃어버린 설움'을 갈등시키고 있다. 모란은 그의 정신적 의거처로서 理想의 실현에 보다 강렬한 집념의 표상이다. 이 시인이 참고 기다리고 또 우는 것도 모란이 피고 지는 까닭이다. '삼백 예순날'은 모란이 피는 날과 그것이 피기를 기다리는 시간의 연속으로서, 그의 모든 보람있는 날로 만들고 있으나, 그 감정의 밑바닥에는 상실감과 허전함이 깔려 흐르고 있다.

　영랑의 뜰에 정성들여 가꾸어진 수많은 모란, 그들이 피기를 기다리는 '5월', 다시 말해서 영랑이 기다리고 또 보내기를 꺼려하는 '봄'의 상징적 의미는 무엇일까? 모란이 피는 '5월'이 가면 또다시 그 모란이 피기를 기다리는 '봄'은 그가 살던 시대 배경이나 사회 환경으로 보아 식민지 치하의 지식인들이 가졌던 실의와 좌절감에서 벗어나 그들의 보람과 이상이 꽃피어나기를 기다리는 '날'이기도 하다. 그렇다고 이 시에서 기다리는 '봄'의 의미는 이것만으로 한정할 수는 없다. 스스로의 생명에서 더욱 큰 理想과 가치의 세계로까지 확대되는 보람과 최고 목적이 여기에 함축되어져 있는 것이다.

　한 마디로 이 詩는 자신의 '슬픔'이나 '눈물'이 겉으로 노정되어 있지 않고, 그것을 곱고 아름다운 律調에 의해서 純化하고 있음은 四行小曲을 위시한 영랑의 초기시들과 같다. 그는 이 시에서 우리말이 갖는 율조를 다듬고 깎아낸 詩形의 정돈으로 독창적 경지를 개척하여 서정시의 극치를 보이고 있다.

(4) 詩語와 素材의 향토성

　8·15해방 이전까지 영랑은 생활의 거점을 鄕里에 두고 있었다. 그는 徽文과 靑山學院(日本)의 극히 제한된 수학기를 제외하고는

그가 태어난 강진에서 보낸 것이다. 영랑이 이렇게 고향을 떠나지 않고 운둔하게 된 것은 그 시대 배경이나 그밖의 요인을 들 수 있겠으나 그의 이런 생애가 詩作 전반에도 반영되어 있음을 볼 수 있다. 그것은 무엇보다도 詩語와 素材面에 나타난 향토성이 그 대표적인 것이 된다 하겠다.
　시어의 향토색, 즉 전라도 방언의 문제는 그 동안 많이 논의되어 왔다.

　　○ 地方語〔전라도〕를 영랑 이상으로 淨化, 詩化해 쓴 시인은 아직까지 없었다는 점.

　　○ 南道 方言과 그 억양까지 살릴 듯한 口氣가 또한 영랑의 시어에서 독특한 면모를 나타내 주고 있다.

라고 한 李軒求, 鄭漢模 교수의 말과도 같이 영랑은 향토색이 짙은 전라도 방언을 시어로 구사하여 그 나름대로 성공을 거두고 있는 것이다. 예컨대 '어덕'·'오—매'·'풍겻는듸'·'출렁거린듸'·'어슨'·'싫다리'·'늬집'·'바람숫긴'·'괴리운'·'그때버텀' 등 이외에도 많다. 이 가운데서 어감이나 뉘앙스를 위해서 창조된 어휘도 있겠으나, 이러한 南道의 방언들이 갖는 억양이나 향토색을 가미함으로써 詩의 율조를 생동케 하고 있음은 영랑의 특이한 면이며, 커다란 공적이 아닐 수 없다.
　그리고 영랑의 시적 소재, 특히 그 초기시는 그의 고향 동네를 둘러싼 아름다운 자연 풍경과 농촌의 소박한 習俗을 소재로 한 것들이 많다. 이것은 말할 것도 없이 그가 살아온 생활의 의도적인 반영이기도 하다.

창랑에 잠방거리는 섬들을 길러
그대는 탈도없이 태연스럽다

마을을 휩쓸고 목숨 아서간
간밤 풍랑도 가소롭구나

아츰날빛에 돗노피 달고
청산아 봐란듯 떠나가는 배

바람은 차고 물결은 치고
그대는 호령도 하실만하다
　　　　　——「그대는 호령도 하실만하다」의 전문

　다도해 연변에 위치한 영랑의 고향집에서 바라본 바다 풍경이다. 북으로는 대나무숲이 병풍처럼 둘러싸이고 남쪽에는 출렁이는 바다, 그 위에 멀리 떠오르는 크고 작은 섬들을 영랑은 이렇게 素描한 것이다.

　　南道에도 海南 康津 하는 강진골 앞 다도해 위에 오리 새끼들처럼 잠방거리며 노니는 섬들이 보이는 듯하지 아니한가! 섬들을 길러내기는 滄浪이 하는 것이다.

라고 한 鄭芝溶의 말과도 같이, 크고 작은 섬들을 '잠방거리는 오리 새끼'로 본 비유법은 물론, 풍랑이 휩쓸고 간 밤이 지나면 아무 일 없었던 듯이 고요해지는 바다, 그 위에 어부들이 돗을 높이 달고 出漁하는 모습은 장관이 아닐 수 없다. 그러나 이 詩는 이런 아름다운 바다 풍경을 소묘한 기법도 중요하지만, 돗을 높이 달고 떠나는 어부들의 호령에 역점이 주어져 있다. '슬픔'과 '눈물'의 그늘에서 隱居하던 영랑이 돛을 높이 달고 호령하고 나서는 어떤 전환점을 시사하는 것이 아닐까 한다.

이와 같이 영랑의 초기시는 거의 향리 주변에서 소재를 취하고 있다. 바다로 향한 아름다운 자연 풍경과 그 안에 살고 있는 순박한 村民들의 생활 습속과 인정을 노래하고 있는 것이다. 그가 고향을 떠나 서울로 오기 전, 그러니까『永郞詩集』초판본에 수록되어 있는 작품들은 소재로 보아 대체로 같은 유형으로 계열화할 수 있다. 도시인의 생활 습속과 각박한 世情의 추이는 아랑곳없이 원시적 촌민들의 소박한 인정과 풍속들을 소재로 하여 섬세한 가락으로 노래하고 있는 것이다.

(5)「淸明」등과 자연 예찬

永郞의 초기시에서《文學》2-3호에 각기 발표된「佛地菴抒情」과 「모란이 피기까지는」은 형태적인 면에서《詩文學》1-3호와《문학》창간호에 실린 작품들과는 서로 다른 차이를 나타내고 있다. 뿐만 아니라『永郞詩集』초판본의 후미에 수록된「杜鵑」이나「淸明」도 그들 발표지나 연도가 확인된 것은 아니나,「佛地菴抒情」이나「모란이 피기까지는」과 같은 형태적 변모를 시도한 것이라 하겠다.

영랑의 이러한 형태적 변모에 대해서는 다음「'삶'의 회의와 自我의 확충」에서 다시 논의되겠으나, 그 일부는 이런 형태적 변모와 함께 내용면에서도 변화를 보이고 있다. 즉「모란이 피기까지는」은 바로 앞의「모란과 '봄'의 상실감」에서 논의되었듯이, 그 초기시의 경향이며「佛地菴抒情」과「淸明」은 초기시들과는 다른 과도적 경향을 보인 작품들이 되고 있는 것이다. 따라서「杜鵑」은 1940년 9월호《文章》지에 발표된「春香」과 함께 논의하기로 하고, 여기서는「佛地菴抒情」과「淸明」이 지니는 특색을 유형화하여 살펴보기로 한다.

「佛地菴抒情」과「淸明」은 四行小曲 및 기타의 초기시와 對自然 對人生 태도에 있어서 서로 다르다. '내 마음'을 바탕으로 섬세하고 애끈하게 짜내는 '눈물', 즉 애수와 감상을 서정적 율조 속에 융화하여 그것을 극복하고 나온 '燭氣'를 보인 것이 그 초기시의 대체적인 경향이라 하면,「佛地菴抒情」과「淸明」은 이러한 애수와 감상에서 벗어나 자연 속에 동화하여 자연을 예찬하고 있는 것이다. 자연에 대한 깊은 애정과 함께 그것을 시적 대상으로 확대하고 있을 뿐만 아니라, 인생에 대해서도 불평이나 불만을 토로하지 않고, 있는 그대로 수용하고 있는 것이다.

> 그밤 가득한 山정기는 기척업시 솟은 하얀 달빛에 모다 쓸리우고
> 한낮을 향미로우라 울리든 시내ㅅ물소리마저 멀고 그윽하야
> 衆香의 맑은돌에 맺은 금이슬 구을러 흐르듯
> 아담한 꿈하나 여승의 호젓한 품을 애끊이 사라젓느니
>
> 千年옛날 쫓기여간 新羅의 아들이냐 그 빛은 청초한 수미山나리꽃
> 정녕 지름길 섯드른 힌옷입은 고흔 少年이
> 흡사 그 바다에서 이 바다로 고요히 떠러지는 별ㅅ살가치
> 옆山 모롱이에 언듯 나타나 앞골 시내로 삽분 사라지심
> ——「佛地菴抒情」에서

「佛地菴抒情」의 1·2연이다. 그 말미에 첨기되어 있듯이, '佛地菴'은 內金剛의 유적한 곳에 자리한 고찰의 하나이다. 이 시는 표제 그대로 '佛地菴'을 둘러싸고 있는 자연을 소재로 하여 그것을 찬미하고 있다. 위의 인용으로 보아「佛地菴抒情」은 그 이전의 四行小曲

이나 短形詩의 시행들과는 달리 長形化하고 있음은 물론, 음수율에
서도 완전히 산문화하고 있다. 뿐만 아니라 내용면에서도 '슬픔'이
나 '눈물'의 정조가 아닌 佛地菴 주변의 아름다운 자연을 예찬하고
있는 것이다.

  깊은 산 하얀 달이 솟아오르고, 계곡을 흐르는 물소리마저 멀어
진 정적 속에 떠오르는 꿈을 노래한 이 詩는 영랑의 초기시들과는
달리 자연 속에 완전히 몰입되어지고 있다. 자연을 관조하고 그 자
연과 일체가 되어 있는 對自然 태도는 그 초기시에서는 볼 수 없는
현상이다. 다시 말해서 영랑의 초기시는 자연조차도 '슬픔'과 '눈
물'의 영탄적 대상으로서 항시 자신의 불평과 불만, 그리고 무엇을
잃은 상실감을 토로하고 있었는데 반해서, 「佛地菴抒情」에서는 자
연과 일체가 되어 그 속에 완전히 동화되고 있는 것이다. 그리하여
이 시에 나타난 佛地菴 주변의 자연은 극히 아름답게 표상되어 있
을 뿐만 아니라, '슬픔'이나 '눈물' 같은 것이 전혀 나타나 있지 않
음을 그 특색으로 들 수 있다.

  「佛地菴抒情」에 나타난 자연에의 몰입과 동화는 「淸明」에 이르러
절정에 이르고 있다. 청각과 시각의 조화로 영랑 詩의 새로운 국면
을 보여 그 기법에 다분히 정지용과도 영합될 수 있는 가능성을 보
여 준 작품이라 할 수 있다.

    호르 호르르 호르르르 가을 아참
    취여진 청명을 마시며 거닐면
    수풀이 호르르 버레가 호르르르
    청명은 내 머리속 가슴속을 저져들어
    발끝 손끝으로 새여나가나니

    온살결 터럭끗은 모다 눈이요 입이라

나는 수풀의 정을 알수있고
　　버레의 예지를 알수있다.
　　그리하야 나도 이 아참 청명의
　　가장 고읍지 못한 노래ㅅ군이 된다
　　　　　　　　　——「淸明」에서

「淸明」은 『영랑詩集』 초판본의 말미에 수록되어 있다. 인용된 것은 「淸明」의 1·2연이다. 영랑은 이 시에서 자연과 일체가 되어 그의 새로운 면모를 보여 주고 있는 바, 정지용은 말하기를,

　　……독자로서 詩的 법열에 영육의 震感을 견디는 외에 發音이 있을 수 없다. 자연을 사랑하느니 자연에 몰입하느니 하는 汎神論者的 空疎한 詩句가 있기도 하나 영랑의 자연과, 자연의 영랑에 있어서는 완전일치한 協奏를 들을 뿐이니 영랑은 母土의 자비하온 자연에서 새로 탄생한 갓 낳은 새어른으로서 최초의 詩를 發音한 것이다.

라 하고 있다. '호르 호르르 호르르르' 하는 '가을 아참'조차도 청각화 또는 시각화하여 맑고 투명한 하늘 속에 흐르는 淸明을 흡입하여 머릿속과 가슴 속에 젖어들게 하고 다시 그것은 발끝과 손끝으로 새어나오게 하는 기법의 탁월성을 보여 준다. 그리하여 '온살결'·'터럭' 하나까지 '눈'과 '입'이 되어져 영랑은 '淸明'의 '노래꾼'이 될 수밖에 없다.
　한 마디로 영랑은 「淸明」에서 자연에 몰입하여 동화된 상태에서 그 종련의

　　　왼소리의 앞소리요

     왼빛갈의 비롯이라
     이청명에 포근 취여진 내 마음
     감각의 낯닉은 고향을 차젓노라
     평생 못떠날 내집을 드럿노라

와 같이 시적 변모를 보여 주고 있다. 그 초기시에서 볼 수 없는 자연에의 歸依와 합일 상태에서 느낀 황홀감을 영랑은 이렇게 노래하고 있는 것이다.

③ 삶의 懷疑와 自我의 확충

 영랑의 시는 《文學》 2-3호에 각기 발표된 「佛地菴抒情」과 「모란이 피기까지는」을 기점으로 그 형태적 변모를 시도하고 있다. 四行小曲은 물론, 4行聯 아니면 2行聯의 短形詩가 그 초기의 주형식이었다면, 「佛地菴抒情」과 「모란이 피기까지는」은 이들과는 다른 詩形의 변화를 의식하게 된다. 다시 말해서 전자「佛地菴抒情」은 4행연(1·2연)과 3행연(3·4연)의 형태로 이루어져 있으나, 음수율에서 그 초기의 단형시들과는 달리 行聯의 구분만 지어졌을 뿐, 자유율화하고 있으며 후자 「모란이 피기까지는」은 연 구분 없이 하나로 이루어져 있음을 볼 수 있다.
 그러나 이러한 시차적 한계는 정확히 구획되어지는 것은 아니다. 1935년 詩文學社간의 『永郎詩集』 이후 1940년을 전후해서 발표된 《女性》지의 「달마지」(빛갈 환히)·「연」(1)·「江물」·「호젓한 노래」(내 홋진 노래) 등과 같은 후기시에서도 2행연과 4행연으로 이루어진 작품들이 있을 뿐만 아니라, 같은 『永郎詩集』 수록 시편 중에서도 「降仙臺 돌바늘 끝에」(1·2연)·「淸明」·「바람따라」·「杜鵑」

(1·2연) 등은 각각 5행연, 6행연, 8행연으로 되어 있는 것이다.
　영랑 詩의 이러한 형태적 변모는 후기 시작의 한 현상으로 보이나 여기서는 그 형태에 따른 변모 과정을 논하려는 것은 아니다. 그의 詩歷에 따른 주제, 즉 사상의 추이를 照準하고 있기 때문에 시의 형태에 대해서는 본론의 대상에서 제외키로 한다.
　한 마디로 해서 영랑의 시에서 본격적인 변모는「거문고」·「가야금」·「五月」·「毒을 차고」·「연」(1)·「墓碑銘」·「한줌흙」·「春香」등 1940년을 전후해서 발표한 작품들에서 비롯되는 것이 아닌가 한다. 물론 그 이전의「佛地菴抒情」이나「淸明」·「杜鵑」등에서 보인 형태적 變位와 함께 그 제재나 내용의 변화가 전혀 없었던 것은 아니다.

　　　검은벽에 기대선채로
　　　해가 수무번 박귀었는듸
　　　내 麒麟은 영영 울지를 못한다
　　　　〈中　略〉
　　　문 아조 굳이 닫고 벽에 기대선채
　　　해가 또한번 박귀거늘
　　　이밤도 내 기린은 맘놓고 울들 못한다
　　　　　　　　　　　　──「거문고」에서

　이「거문고」는「가야금」과 함께 1939년 1월호《朝光》지에 실린 것으로 영랑 詩의 과도적 성격을 띠는 작품이라 하겠다. '기린'이나 '이리떼'와 '잣나비떼'들이 시사하는 의미는 말할 것도 없거니와 특히 3·4연의 내용으로 보아, 초기시들과는 판이하게 당시의 시대상황을 직설적으로 표출시키고 있다. '이리떼'와 '잣나비떼', 즉 일본 관헌과 그들을 추종하는 아첨배들이 득실거리는 식민지 치하의 '기린', 즉 애국 지사와 선량한 국민들이 옴짝도 못하고 은거하던 시대 상황을 이렇게 고발하고 있는 것이다.

이와 같이 영랑은 후기에 이르러 시선을 사회로 돌려 '삶'을 회의하고 自我를 확대하기 시작한다. 그의 초기시가 고요하고 섬세한 감각과 自我의 내면, 곧 '마음'의 세계로 집중되어져 있는데 반해서, 그 후기시는 이런 감각과 內向性에서 벗어나 자아를 사회로 향해서 확대하고 '죽음'을 강렬히 의식하기 시작한다. 영랑의 이런 시적 전환은 시형태의 변위와 함께 시작된 것으로 후기시의 경향을 유형화하면 다음과 같다.

(1) '五月'과 꾀꼬리의 諧調

「모란과 '봄'의 상실감」에서 논했듯이, 「五月」・「五月 아츰」・「五月恨」 등은 영랑의 후기시로, 특히 「五月 아츰」과 「五月恨」은 8・15해방 후, 그 말년에 씌어진 것들이다. 그러나 이들은 그 초기시의 「가늘한 내음」이나 「모란이 피기까지는」과는 이런 시차적 한계에도 불구하고 서로가 동계열의 작품이라 할 수 있다. 왜냐하면 모두가 '5월'을 소재로 한 것으로, 영랑과 '5월'과의 관계가 불가분리의 관계임을 입증해 주고도 있기 때문이다.

> 모란이 피는 오월달
> 月桂도 피는 오월달
> 온갖 재앙이 다 버러졌어도
> 내품에 남는 다순김 있어
> 마음실 튀기는 五月이러라
> ──「五月恨」에서

를 1연으로 시작되는 「五月恨」은 영랑이 死去하기 직전, 그러니까

1950년 6월호 《新天地》에 발표한 것이다. 비록 이 시가 말년의 작품이긴 하지만, 「가늘한 내음」이나 「모란이 피기까지는」과 같은 초기시와 「五月」이나 「五月 아츰」과 같은 후기시에 나타난 두 가지 요소를 함께 갖고 있는 것이다. 그 첫연과 말연의 '모란이 피는 오월달(1연)', '어느새 다 해―진 五月이러라(3연)'와 같은 행절에 나타난 '모란'이나 '해―진 五月'은 그 초기시의 편린이고, '아무리 두견이 애닯어 해도', '황금 꾀꼬리 아양을 펴도(3연)'와 같은 行節에서 '꾀꼬리'의 등장은 물론, 밝은 색조는 후기시의 「五月」이나 「五月 아츰」이 지니는 요소라 할 수 있다. 다시 말해서 '보람'이나 '마음실'·'다순' 등과 같은 몇몇 詩語들이 「가늘한 내음」과 「모란이 피기까지는」을 위시한 초기시들을 환기시켜 주고도 있으나 실지로 그 전체의 흐름으로 볼 때, 이 詩는 후기의 「五月」이나 「五月 아츰」과 같은 경향의 작품이 된다.

이 두 편의 시는 영랑의 후기 시작으로 「五月」은 1939년 7월호 《文章》지에, 그리고 「五月 아츰」은 1949년 10월호 《文藝》지에 각각 발표되었다. 바로 앞에서 「五月恨」의 논의 과정에서 말했듯이 「五月」이나 「五月 아츰」은 그 초기의 「가늘한 내음」이나 「모란이 피기까지는」과는 판이한 특색을 이루고 있다. 후기시 「五月」과 「五月 아츰」에서의 5월이 화사한 꾀꼬리의 노랫소리를 통해서 느껴지는 것인데 반해서, 초기시 「가늘한 내음」과 「모란이 피기까지는」에서의 '5월'은 모란이 피는 봄의 기다림과 그 상실감으로 인한 애수로 느껴지는 것이다.

이렇게 이들이 서로가 같은 '5월'을 대상으로 노래했으면서도 '모란'과 '꾀꼬리'의 소재적 차이는 물론, 對自然 對人生 태도에서도 현격한 차이를 나타내고 있다. 「가늘한 내음」이나 「모란이 피기까지는」이 '봄'의 기다림과 상실감에서 오는 '슬픔'과 '눈물'을 바탕으로 한 哀愁가 그 주조를 이루고 있는데 반해서, 「五月」·「五

月 아츰」·「五月恨」 등은 그런 상실감과 허탈 상태에서 벗어나 따스한 햇볕 속에서 무르익은 싱그러운 자연을 安閑한 마음으로 관조하고 있다. 한마디로 영랑의 詩는 그 후기에 이르러 초기의 섬세한 감각이나 율조는 찾아볼 수 없지만, 四季의 순환을 따라 변환하는 자연을 있는 그대로 정관하여 미화하고 있는 것이다.

(2) 민족 관념과 '죽음'의 意味

「悲哀의 율조와 燭氣」에서 이미 시사했듯이, 영랑의 시에서 '죽음'의 의식은 「쓸쓸한 뫼아페」를 위시한 초기 작품에도 나타나 있다. 그러나 그 초기에 아내의 '무덤'을 통해서 느낀 '죽음'과 그에 따르는 슬픈 감정, 다시 말해서 비애 의식과는 달리 후기에 접어들면서 '죽음'의 의식은 '삶' 자체에 대한 회의와 민족 관념을 바탕으로 하고 있다.

영랑 詩에서 '죽음'에 대한 의식적 변위는 「연」(1·2)을 전환점으로 하여 나타난다. 「연」(1)은 1939년 5월호 《女性》지에, 「연」(2)은 1949년 1월호 《白民》지에 각각 발표되어 있다. 이 두 작품은 발표 연도의 이러한 시차에도 불구하고 같은 유형으로 볼 수 있다. 서로 같은 표제로 이루어졌음은 물론, 다같이 유년기를 회상한 것이고, 영랑의 후기시에 일관되어 있는 '삶'에 대한 회의와 '죽음'의 의식이 배태된 초기 현상을 보이고 있는 점에서 그렇게 생각한다.

바람이러 끊어갔더면
엄마압바 날 어찌 찾어
히끗히끗한 실낫믿고
어린 압바 피리를 불다
오! 내 어린날 하얀 옷 입고
외로히 자랐다 하얀 넋 담고

조마조마 길가에 붉은 발자옥
　　자옥마다 눈물이 고이었었다
　　　　　　　　　　――「연」(1)에서

와 같이 눈물로 호소하고 있다. 연실이 끊어져 날아가 철없이 울던 시절에 영랑은 어머니를 여의고 외롭게 자라난 것이다. 그리하여 그가 자라온 붉은 자국마다 눈물이 고였던 것이 그 초기시의 회의와 感傷의 바탕을 이루었다고 할 때, 이때부터 영랑의 '삶'에 대한 회의와 '죽음'의 의식은 싹트기 시작한다.

그리고 「연」(2)이 발표된 것은 그 말년 가까워서이지만, '보름 전에 산을 넘어 멀리 가 버린 내 연'이라 하고 있는 바, 영랑은 여기서 유년 시절의 시점으로 돌아가고 있다. '연'이 끊어져 하늘 멀리 날아가 버린 날 그의 '삶'의 보람조차도 송두리째 빼앗기고, '내 인생이란 그때버텀 벌서 시든상 싶어'와 같이 '삶' 자체를 회의하고 있다. '인생'도 '겨레'도 다 멀어진 그런 허탈 상태에서 삶과 죽음을 생각하고 있는 것이다.

이러한 '삶'에 대한 회의와 죽음에 대한 허탈 의식은 영랑의 후기시를 일관하는 주제 의식이기도 하다. 그러나, 그런 의식의 바탕이 초기시에서와 같이 感性의 차원에서가 아니라, 對社會性, 일제 치하의 민족 관념을 바탕으로 촉발된 것임은 말할 것도 없다.

「毒을 차고」는 「거문고」와 함께 1939년 11월호 《文章》지에 실린 것으로 영랑의 詩的 전환점을 이룬 후기 작품이라 할 수 있다. 이러한 詩的 전환에 대하여 鄭泰鎔은 「金永郞論」에서 말하기를,

　　그 어딘듯 달콤하기조차 한 보랏빛 페이소스가 이렇게 된 이유는 家庭事에 있었는지 허무한 인생의 자각에서 온 것인지, 또한 일제의 압박 때문인지는 모르겠으나, 여하튼 中葉을 넘어 말기에

들어선 시인은 시적이기보다는 훨씬 散文的으로 懊惱하기 버릇해
진 것이다.

라고 적실히 진단하고 있다. 사실로 영랑은 이때부터 그 초기의 섬
세한 감각과 짜내는 듯한 哀調가 아닌 그를 둘러싼 생활의 요소를
관념화 또는 산문화하고 있다. 다시 말해서 '내 마음'의 세계가 아
닌 사회 현실로 눈을 돌려 자아를 확대하고 '삶' 자체에 대하여 회
의하고 있는 것이다.
「내 가슴에 毒을 찬지」에서 '毒'의 의미는 다분히 示唆的이다. 그
를 둘러싸고 덤비는 '이리'와 '승냥이' 떼들의 위협 속에서 '내 마
음'을 지키려는 영랑은 '毒'을 차지 않을 수 없었던 일제 말기의 단
말마적 시대 상황을 이렇게 고발한 것이다. 그리하여 그는 이 詩의
말연에서, '나는 毒을 품고 선선히 가리라／마금날 내 깨끗한 마음
건지기 위하야'라고 노래하고 있듯이, '내 마음'을 지키기 위해서
는 '죽음'을 의식하지 않을 수 없었다. '죽음'과도 바꿔야 할 '내
깨끗한 마음', 이것은 바로 영랑의 민족 관념이다.
영랑의 민족 관념과 '죽음'의 의식은 후기시에 일관되어 있는 주
제로, 「墓碑銘」·「한줌 흙」·「忘却」·「어느날 어느때고」 등이
이에 해당한다. 「墓碑銘」은 표제 그대로 스스로의 무덤 위의 碑돌
에 새겨질 遺詩로 써진 것인데,

　　생전에 이다지 외로운사람
　　어이해 뫼아레 碑돌세우오
　　초조론 길손의 한숨이라도
　　헤여진 고총에 자조떠오리
　　날마다 외롭다 가고말사람
　　그레도 뫼아레 碑돌세우리

「외롭건 내곁에 쉬시다가라」
恨되는 한마듸 삭이실난가
———「墓碑銘」의 전문

와 같다. 3·3·5조의 음수율은 작자의 의도적인 율격으로 외로움 속에 살아가는 한 인생의 恨을 형상화하고 있다. 그리고 「한줌 흙」은 누구나 죽어서 한 줌의 흙으로 化하는 허무 의식을 노래하고 있다.

어피차 몸도 피로워졌다
밧비 棺에 못을 다저라

아모려나 한줌 흙이 되는구나
———「한줌 흙」에서

와 같이 '죽음'의 길을 재촉하고 있다. 영랑에게는 이러한 '죽음'의 길은 '어느날 어느때고' 있는 것으로 그 길을 마음 편히 가기 위해서는 스스로 그 평생을 두고 마음을 닦아야만 하였다.

어느 날 어느 때고／잘 가기 위하야
평안히 가기 위하야
　〈中　略〉
살이 삭삭／여미고 썰릴지라도
마음 평안히／가기 위하야
아! 이것／평생을 딱는 좁은 길
———「어느날 어느때고」에서

와 같이 「거문고」와 「毒을 차고」에서 비롯되는 민족 관념, 즉 일제 치하의 사회 현실에서 느낀 굴욕감과 의식의 좁은 공간에서 느낀 '죽음'과 그에 따르는 허무감은 「墓碑銘」을 거쳐 「한줌 흙」·「어느 날 어느때고」에 이르러 그런 시대 의식을 벗어난 運命論으로 기울어졌다. 더구나 벗어날 수 없는 '죽음', 이것을 영랑은 주어진 운명으로 담담하게 받아들인다. 그러나 '죽음'은 그의 '깨끗한 마음'을 지키기 위해서만 바꿀 수 있는 것이지 '마음'을 더럽혀 가면서 살아 갈 생각은 추호도 없다. '일만 정성/모두어 보라'와 같이 앞으로 다가올 '죽음'을 값지게 하기 위해서 영랑은 온 정성을 기울여 마음을 닦아야만 했는지도 모른다.

> 걷든 걸음 멈추고서서도 얼컥 생각키는것 죽음이로다
> 그 죽음이사 서룬살적에 벌써 다아 잊어버리고 살아왔는듸
> 웬 노릇인지 요즘 자꼬 그 죽음 바로 닥처온듯만 싶어저
> 항용 주츰 서서 행길을 호기로히 달리는 行喪을 보랏고 있느니
> 　〈中　略〉
> 忘却하자――해본다 지난날을 아니라 닥처오는 내죽음을
> 아! 죽음도 忘却할 수 있는 것이라면
> 허나 어듸 죽음이야 忘却해질 수 있는 것이냐
> 길고 먼 世紀는 그 죽엄 다――忘却하였지만
> 　　　　　　　　　　　　――「忘却」에서

이 詩는 永郎의 후기시에서 '죽음'을 주제로 한 작품이다. 1949년 8월호 《新天地》에 발표된 것이나, 4연에서

> 그날 빛나든 두눈 딱 감기여 瞑想한대도 눈물은 흐르고 허덕이다 숨다지면 가는거지야

더구나 총칼사이 헤매다 죽는 태어난 悲運의 겨레이어든
　　죽음이 무서움다 새삼스레 뉘 卑怯할소냐만은 卑怯할소냐만은
　　죽는다——고만이라——이 허망한 생각 내 마음을 웨 꼭 붓잡
　고 노칠 안느냐

라고 한 것으로 미루어 일제 말기에 써진 것이 아니면, 그 당시의
時點으로 돌아가 회상하여 쓴 것이 아닌가도 여겨진다.
　「忘却」은 총 5연으로 이루어져 있는 바,

　　1연 : 항시 그 앞에 도사리고 있는 죽음의 의식
　　2연 : 인간의 유한성과 宇宙의 무한성
　　3연 : 죽음을 앞에 둔 인간의 허무의식
　　4연 : 일제 치하의 민족적 비극을 바탕으로 한 '죽음'의 의식
　　5연 : 忘却의 대상일 수 없는 운명으로서의 '죽음'

등이 그 대체적인 내용이라 할 수 있다. 이렇게 영랑은 그 후기에
이르러 '죽음'을 대상으로 시를 쓰고 있다. 그러나 '죽음'을 초기시
에서와 같이 '슬픔'이나 '눈물'이 아닌, 운명적인 것으로 받아들이
고 있다. 누구에게나 다가올 '죽음'의 순간을 '깨끗한 마음'으로 맞
이해야만 했다. 한마디로 영랑은 不惑의 나이에서 '죽음'을 생각하
고, 그 '죽음'을 어떤 자세로 받아들이느냐 하는 것이 그의 중심 과
제였다고 할 수 있다.

　(3) 해방과 공간 의식의 확대
　　永郎의 이런 민족 관념과 '죽음'의 의식은 8·15해방과 함께 판이
한 양상으로 바뀌어진다. 「바다로 가자」·「겨레의 새해」·「感激
八·一五」·「千里를 올라온다」등과 같은 일련의 후기시에서 볼

수 있듯이, '죽음'의 의식은 전혀 나타나지 않고 있다. 민족 관념조차도 해방된 감격으로 충만되어 있는 것이다. 이것은 말할 것도 없이 8·15해방과 함께 영랑이 大韓獨立促成會에 가담하고, 대한청년단 강진 지부장을 맡았는가 하면, 낙선은 되었으나 국회의원에 출마했던 사실이라든지, 또는 공보처 출판국장을 역임하는 등 사회참여에 강한 의욕을 보였던 그 생애의 반영이기도 하다.

> 바다로 가자 큰 바다로 가자
> 우리는 이젠 큰 하늘과 넓은 바다를 마음대로 가졌노라
> 하늘이 바다요 바다가 하늘이라
> 바다 하늘 모두 다 가졌노라
> 옳다 그리하야 가슴이 뻐근치야
> 우리 모두 다 가잤구나 큰 바다로 가잤구나
> 우리는 바다없이 살았지야 숨막히고 살았지야
> 그리하야 쪼여들고 울고불고 하였지야
> 바다없는 항구속에 사로잡힌 몸은
> 살이 터저나고 뼈 튀겨나고 넋이 흐터지고
> 하마트면 아주 꺼꾸러져 버릴 것을
> 오! 바다가 터지도다 큰 바다가 터지도다
> 　〈中　略〉
> 우리들 사슬버슨 넋이로다 푸러노힌 겨래로다
> 가슴엔 잔뜩 별을 안으렴아
> 손에 잡히는 엄마별 애기별
> 머리우엔 끄득 보배를 이고 오렴
> 발아래 쫙 깔린 산호요 진주라
> 바다로 가자 우리는 큰 바다로 가자
> 　　　　　　　　　──「바다로 가자」에서

이 詩는 한 마디로 해방된 조국의 감격을 노래한 것이다. 일제 치하의 억압 속에서 벗어난 '우리', 조국을 되찾은 의식의 공간적 확대를 '큰 하늘', '넓은 바다'로 표현한 것이다. 조국을 빼앗겨 질식할 것만 같은 제한된 공간 속에서 벗어나 자유를 되찾아 넓은 공간, 아니 광장으로 뛰쳐나온 감격을 영랑은, '하늘이 바다요 바다가 하늘이라/바다 하늘 모두 다 가졌노라'와 같이 노래하고 있다. 총 5연으로 이루어진 「바다로 가자」는

 1연 : 해방된 조국의 감격을 보고 넓은 광장으로 뛰쳐나오라는 것
 2연 : 일제 치하의 조국이 처해 있었던 참담한 시대 상황의 고발
 3연 : 되찾은 조국을 위해서 무엇인가 의욕적인 참여로 새로운 계획과 설계를 해야 한다는 것
 4연 : 새롭고 떳떳한 조국을 건설하여 세계를 향해 보란 듯이 호령하며 살아가야 한다는 것
 5연 : 새로 건설된 조국의 이념과 富强의 염원

등으로 요약할 수 있다. 영랑의 이러한 조국 광복의 감격은

 해는 점을쩍마다 그가 저지른 모든 일을 잊음의 큰 바다로 흘려 보내지만
 우리는 새해를 오직 보람으로 다시 마지한다
 멀리 四千二百八十一年
 힌뫼에 힌눈이 싸힌 그대로
 겨레는 한글가치 늘고 커지도다.
  〈中　略〉

새해 처음 맞는 겨레의 새해
미진한 大業 이루리라 거칠것없이 닷는 새해
이 첫날 겨레는 손 맞잡고 노래한다
　　　　　　　　　　——「겨레의 새해」에서

煉獄의 半世紀 짓밟히어 지들끼고도
다시 선뜻 불같이 일어서는 우리는 大韓의 훗한 겨레
쇠사슬 즈르릉 풀리던 그날
어디하나 異端 있어 行列을 빠져나더뇨
三千萬은 낯낯이 가슴맺친 獨立을 외쳤을뿐
　〈中　略〉
보라 저 피로 싸일 失地恢復의 數萬旗빨
드르라 百萬聰俊의 地軸을 흔드는 저 盟誓들
　　　　　　　　　　——「感激 八·一五」에서

千里를 올라온다
또 千里를 올라들 온다
나귀 얼렁소리 닷는 말굽소리
靑雲의 큰뜻은 모혀들다 모혀들다

南山北岳 갈래갈래 뻐든 골짝이
엷은 안개 그밑에 묵은 이끼와 푸른 松柏
朗朗히 울려나는 靑衣童子의 글외는 소리
나라가 덩그러히 이룩해지다
　　　　　　　　　　——「千里를 올라온다」에서

등에 이어져 그 절정을 이루고 있다. 이들은 영랑이 고향을 떠나 서울로 이사하고 조국 광복의 기쁨을 노래한 것들이다. 詩로써 그 이미지나 기법의 우열을 尺度하기에 앞서 영랑의 詩歷으로 보아 그 말기에 해당하는 작품들로,「바다로 가자」와 함께 해방 후 그 사상적 변모를 보여 준 것들이라 할 수 있다. 해방된 조국의 광장, 서울을 향해 구름처럼 모여든 隊列들, 그들은 '靑雲의 큰 뜻'을 품고 올라온 것이다. 이들의 대열에 끼어 올라온 영랑에게 서울은 '화사한 아침 저자', 즉 생동하는 심장으로 새로운 역사를 창조하게 될 자랑스런 현장이 아닐 수 없다.

  南山에 올라 北漢 冠岳을 두루 바라다 보아도
  정녕코 山정기로 태어난 우리들이라
  웃득 소슨 뫼뿌리마다 고물고물 골짝이마다
  내 모습 내 마음 두견이 울고 두견이 피고

  높은 재 얕은 골 흔들리는 실마리길,
  그윽하고 너그럽고 잔잔하고 산듯하지
  白馬 호통소리 나는 날이면
  黃金 꾀꼬리 喜悲交響을 아뢰니라
       ——「千里를 올라온다」에서

 南山에 올라 한눈 안에 들어온 '서울'에서 자랑찬 조국 疆城의 생동하는 모습을 영랑은 이렇게 표현한 것이다. 산과 산이 이어지고 강이 굽이 돌아 바다로 향해 가는 山河의 아름다움, 그 맑은 精氣를 받은 이 겨레의 활기찬 움직임을 바라보고 있다.「모란이 피기까지는」등 같은 초기시의 안타까운 마음으로 기다리는 '봄'이 아니라, 아무 거리낌없는 마음으로 하늘을 우러러 '白馬 호통소리'와도 같은 장엄한 出帆을 생각해야만 했다. '눈물'이나 '죽음' 같은 것은 아랑곳없이 새 조국의 건설을 위한 의욕으로 충만되어 있는 것이다.
  그러나 한편 영랑은 해방된 조국의 건설을 위한 강렬한 의욕과 함께 그 시대 左右의 流血 충돌로 빚어진 시대 상황을 고발하기도 했다.
  「새벽의 處刑場」이나 「絶望」 등 일련의 시가 이에 해당되는 바,

  새벽의 處刑場에는 서리찬 魔의 숨결이 휙휙 살을 애움니다
  탕탕 탕탕탕 퍽퍽 쓸어집니다
  모두가 씩씩한 맑은 눈을 가진 젊은이들 낳기 전에 임을 빼앗긴 太極旗를 두루차처 三年을 휘두르며 바른 길을 앞서 것든 젊은이들
  탕탕탕 탕탕 작구 쓸어집니다
  연유 모를 때죽엄 원통한 때죽엄
  마즈막 숨이 다져질 때에도 못잊는 것은
  下弦찬 달아래 鐘鼓山 머리 나르는 太極旗
  오……亡해가는 祖國이 모습
  눈이 참아 감겨젓슬까요
     ⟨中　略⟩
                ——「새벽의 處刑場」에서

  玉川 긴언덕에 쓰러진 죽엄 때죽엄
  生血은 쏫고흘러 十里江물이 붉었나이다
  싸늘한 가을 바람 사흘불어 피江물은 얼었나이다.
  이 무슨 악착한 죽엄이오니까
     ⟨中　略⟩
  아우가 형을 죽였는대 이럿소이다

>   조카가 아재를 죽였는대 이럿소이다
>   무슨 뼈에 사모친 원수였기에
>   무슨 政治의 탈을 썻기에
>   이래도 이 民族에 希望을 붓쳐 볼수 있사오리까
>   생각은 끈기고 눈물만 흐릅니다
>   ——「絶望」에서

와 같다. 해방 후 서로 다른 이념의 갈등적 상황이 정의로운 젊은이들을 수다히 살해하던 참상을 고발한 것이「새벽의 處刑場」이라면, '十里江물'이 피로 물들었던 骨肉相殘, 즉 '정치의 탈'을 쓰고 아우가 형을, 조카가 아저씨를 죽인 민족성을 통탄한 것이「絶望」이다.

식민지의 가혹한 학정에서 벗어나 '장엄한 出帆'만을 생각하고 서울의 광장으로 달려온 영랑에게 이런 현실은 엄청난 절망을 안겨 준 것이다. 해방된 조국에 대한 벅찬 감격이 사라지기도 전에 단순히 사상을 달리했다는 이유로 서로 죽여야만 했던 이 민족에게 무슨 희망을 염원할 수 있겠는가 하는 심한 자학적 충동에 휘말려 들었던 心境을 표현한 것이「새벽의 處刑場」이나「絶望」등에 나타난 주제 의식이라 할 수 있다.

(4) 전통과 異質의 變奏

>   달밤에 이슬맞임에 내 Mignon을 안고 울기를 몇번이던고
>   靑山은 내 靑春을 病들게 하였거니와 오히려 香내를 뿌리어 준다

위는 靑山學院 재학 당시에 써진 듯한 葉信에 적혀진 것이라고 한다. 괴테(Goethe, Johann Wolfgang von)의 詩「미뇽의 노래」가

없는 바 아니나, 영랑에게도 미뇽(Mignon)은 큰 몫을 차지하고 있었는지도 모른다. 영랑이 청산학원 영문과를 택한 것을 계기로 시인이 되었음에 틀림없다. 비록 그렇게 길지 않은 수학 기간이었으나, 이 무렵 박용철과의 友誼는 물론 영랑의 시도 배태되기 시작한 것이 아닐까 한다.

시단의 등장은 1930년대 초였으나 영랑의 습작 기간은 보다 이전으로 앞당겨 1920년대로 잡을 수 있으며 바로 이 시기에 그 수련에 의한 어느 정도의 결실을 거둔 것 같다. 이것은 《詩文學》지 간행 일자와, 그리고 박용철의 日記 및 그밖에 나타난 단편적인 기록들이 입증해 주고 있는 것이다. 영문학을 전공했던 영랑의 시에서 그가 받은 영향 관계를 추적한다는 것은 극히 어려운 과제의 하나가 된다 하겠다. 그의 시에 나타난 詩語나 소재의 향토색은 물론, 율격조차도 오히려 고대시가나 민요의 율격과 맥락되어져 있으니 말이다. 이러한 背律의 立地에서 이루어진 영랑 詩의 영향사적 범주를 설정한다는 것 자체가 무모한 짓인지도 모른다.

그러나 한편 1935년 詩文學社에서 간행한 『永郎詩集』 초판본의 冒頭에 있는 "A thing of beauty is a joy for ever"라고 한 키이츠(Keats, John) 원작 「엔디미언(Endymion)」의 첫행은 다분히 의도적인 것이 된다 하겠다. 그리고 그의 四行小曲 중,

빈 포케트에 손찌르고 폴 에를레―느 찾는 날
왼몸은 흐렁흐렁 눈물도 찔금 나누나

라고 한 것을 위시하여 《시문학》 2호에 역재한 예이츠(Yeats, William Butler)의 詩 「하늘의 옷감」과 「이니스프리」가 있다. 이외에도 해방 후 1949년 3월호 《新天地》에 역재한 바이너트(Weinert, Erich) 원작 「나치 反抗의 노래」(屠殺者의 軍隊를 떠나라!·히틀러에 對하

는 獨逸 兵士・兵士들이여 이제는 아무 希望도 없다) 3편이 있다.

이와 같이 영랑의 청산학원 재학 당시 깊이 英詩에 깊이 탐닉해 있었던 英詩와의 영향 관계가 표면화되어 있는 것은 키이츠와 예이츠뿐이다. 이밖에 프랑스의 시인 베를렌느(Verlaine, Paul)의 이름이 나타나 있는가 하면, 독일 시인 바이너트가 있다. 이 가운데서 예이츠 원작 「하늘의 옷감」이나 「이니스프리」와 영랑의 초기시와의 사이에 詩體의 관련성은 물론, 그밖의 유연성이 지어질 것으로 생각되나, 영랑의 詩에서 이와 같은 영향의 심도를 측정한다는 것은 그리 쉬운 일은 아니다. 왜냐 하면 영랑의 해외 문학에 대한 소양이나 그 지향을 알아볼 수 있는 자료가 위에 제시된 이외에 구체적인 것들이 별로 전해지지 않고 있을 뿐만 아니라, 詩 자체에 있어서도 우리 고유의 詩歌나 민요의 정조와 율격에 훨씬 접근되어져 있기 때문이다.

한마디로 이 항목은 영랑의 詩를 비교문학적 관점에서 낱낱이 검출하려는 의도에서 세워진 것은 아니다. 다만 영랑의 시에서 「杜鵑」과 「春香」에 나타나는 전통성과 이질성의 요소들이 서로 얽히져 變奏되는 현상을 시적 한 유형으로 보고자 하는 이외에 별로 딴 의도가 없음을 밝혀둔다.

> 너의 모든 아름다운 詩에 축복 있으라. 그대의 Nightingale은 다시 보아도 ダレル하는 데가 있는 것 같네. 그렇게 긴 詩일수록 散文化를 시킨다면 몰라도 形의 整化를 구하지 않을까 하네.

라고 한 박용철의 말은 매우 시사적인 것이기도 하다. 영랑의 「杜鵑」과 키이츠의 「杜鵑賦(Ode to a Nightingale)」와의 상관성을 암시해 주고 있으니 말이다.

울어 피를 뱉고 뱉은 피는 도루 삼켜
평생을 원한과 슬픔에 지친 적은 새
너는 너룬 세상에 서름을 피로 색이려 오고
네 눈물은 數千 세월을 끈임없이 흐려노았다
여기는 먼 南쪽땅 너 쪼껴 숨음직한 외딴곳
달빛 너무도 황홀하야 후젓한 이 새벽을
송긔한 네 우름 千길 바다밑 고기를 놀내고
하날ㅅ가 어린 별들 버르르 떨니겟고나
〈中 略〉
너 아니 울어도 이 세상 서럽고 쓰린 것을
이른봄 수풀이 초록빛드러 물내음새 그윽하고
가는 대닢에 초생달 매달려 애틋한 밝은 어둠을
너 몹시 안타가워 포실거리며 훗훗 목메엿느니
아니 울고는 하마 죽어없으리 오! 不幸의 넉시여
우지진 진달내 와직지우는 이 三更의 네 우름,
희미한 줄山이 살풋 물러서고
조고만 시골이 홍청 깨여진다
—— 「杜鵑」의 1·4연

총 4연으로 된 이 「杜鵑」은 초기시이면서도 「佛地菴抒情」과 「淸明」 등과 형태적 변모를 보인 작품임은 앞에서도 논의하였다. 한밤중(夜三更)에 피나게 우는 두견의 울음소리를 통해서 인간의 죽음을 연상하고 있다. 蜀王 望帝, 즉 杜宇의 亡魂이 두견새가 되었다는 故事를 바탕으로 한 것이지만, 이 시의 발상 단계에서 영랑은 키이츠의 「杜鵑賦」에서 촉발한 것임은 박용철도 이미 암시한 바 있다. 이것은 영랑의 「杜鵑」과 키이츠의 「杜鵑賦」와의 표제는 물론, 그 내용의 일부에서도 유사성을 지니고 있으니 말이다. '두견의 소리'를

통해서 '죽음'을 발상한 것이라든지,

> 몇해라 이 三更에 빙빙 도—는 눈물을
> 슷지는 못하고 고힌 그대로 흘니윗느니
> 서롭고 외롭고 여윈 이몸은
> 퍼붓는 네 술ㅅ잔에 그만 지눌겻느니
> 무섬ㅅ정 드는 이새벽 가지울니는 저승의 노래
> ——「杜鵑」의 2연에서

> 네 가슴은 아프고, 아스름한 痲痺가 感覺을
> 괴롭히노나, 마치 毒杯를 방금 마신 듯,
> 혹은 무슨 께름한 痲藥을 찌꺼기까지 먹고서
> 一分 뒤에 黃泉의 나라로 잠겨간 듯
> ——「杜鵑賦」(梁柱東 譯) 1연에서

와 같이 두견의 울음(노래)소리에 취하여 모든 감각이 마비된 상태로 유도되고 있을 뿐만 아니라, 그 두견의 소리를 통해서 '죽음', 즉 '저승'(永郎)과 '黃泉'(Lethe-wards 키이츠)을 의식하는 유사성을 볼 수가 있다. 그리고 또한

> 古今島 마주 보이는 南쪽 바닷가 한 많은 귀양길(「杜鵑」에서)
> 쓸쓸한 妖人國, 거친 바다의 흰 물결 향하여(「杜鵑賦」에서)

에서 영랑의 '古今島'는 키이츠의 '妖人國'(仙島 faery lands)과 유사한 이미지이다. 그러나 영랑의 경우 '古今島'나 '南쪽' 같은 것은 실질적으로 그 향리를 둘러싼 자연 환경도 된다.

이와 같이 영랑의 「杜鵑」은 그 뉘앙스나 분위기 또는 그 내용의

일부에서 키이츠의 「杜鵑賦」와 맥락되어져 있음은 박용철을 위시한 몇몇 논자들에 의해서 지적되고 있다. 그러나 이 두 詩는 이런 유사성을 보이고 있는 반면 서로 다른 차이점도 있는 것이다. 앞에서 인용한 영랑의 「杜鵑」의 머리에서,

> 울어 피를 뱉고 뱉은 피는 도루 삼켜
> 평생을 원한과 슬픔에 지친 적은 새

라고 한 두견의 울음 소리는 '피울음'으로 표상되어져 있다. 이에 반해서 키이츠의 「杜鵑賦」는

> 푸른 떡갈나무의
> 音律的인 곳, 數없는 그늘 속에서
> 맘놓고 소리질러 여름을 노래하나니
> ——「杜鵑賦」의 1연에서

> 그래도 너는 노래하리, 마는 나는 듣지 못하리
> 無心한 흙이 되어 너의 소리높은 鎭魂歌를 듣지 못하리
> ——「杜鵑賦」의 1연에서

등에 나타난 두견의 소리는 '울음소리'가 아닌, '노랫소리'다. 영랑의 詩에서는 두견의 울음, 아니 '피울음 소리'와 '죽은'이 서로 합치된 '自我와 世界의 未分化' 상태에 있다면, 키이츠의 詩에서는 두견의 노랫소리와 '죽음'이 서로 거리를 두고 있다. 다시 말해서 키이츠의 「杜鵑賦」에서 두견의 노랫소리는 '목청껏 부르는 여름의 노래(Singest of Summer in full-throated ease)'소리로 맑고 아름다운 諧調 속에서 자신의 '죽음'을 의식하고 있는 것이다.

이 두 詩의 차이, 이것은 영랑이나 키이츠가 지니고 있는 서로 다른 對自然, 對人生 태도에서 기인된 것임은 말할 것도 없다. 영랑의 「杜鵑」이 키이츠의 「杜鵑賦」에서 발상한 흔적이 여러 측면에서 나타나 있다손치더라도 이 두 詩가 본질적으로 합치될 수 없음은 그들의 思惟, 곧 동양과 서양이라는 엄청난 간격에서 온 것이다. 따라서 영랑의 「杜鵑」이 키이츠의 「杜鵑賦」와 같은 異質의 바탕에서 촉발하여 두견의 피울음, 다시 말해서 望帝魂의 울음소리로 표상하고, 그 울음소리를 통해서 느껴지는 자신의 '죽음'조차도 슬프지 않을 수 없다. 한마디로 영랑의 「杜鵑」은 이질의 요소를 전통의 요소에다 융화하여 그 나름으로서 變奏시킨 것으로 보아야 한다.

    큰칼 쓰고 獄에 든 春香이는
    제 마음이 그리도 독했든가 놀래었다
    성문이 부서저도 이 악물고
    사또를 노려보든 교만한 눈
    그는 옛날 成學士 朴彭年이
    불지짐에도 泰然하였음을 알았었니라
    오! 一片丹心
                        ——「春香」의 1연에서

으로 시작되는 「春香」은 총 7연으로 이루어졌다. 1940년 9월호 《文章》지에 실린 이 詩는 고대 소설 『春香傳』의 내용을 소재로 하고 있다. 新任 府使 卞學道의 수청을 거부한 탓으로 옥 속에 갇힌 춘향이가 고초를 겪는 장면으로부터 李夢龍이 암행어사가 되어 춘향을 찾아온 장면에 이르기까지를 그 대상으로 하고 있는 것이다.

    믿고 바라고 눈 아프게 보고 싶든 도련님이

죽기 前에 와 주셨다 春香은 살았구나
쑥대머리 귀신 얼굴된 春香이 보고
李도령은 殘忍스레 우섰다. 저 때문의 貞節이 자랑스러워
「우리집이 팍 亡해서 上거지가 되었지야」
틀림없는 도련님 春香은 원망도 않했니라
오! 一片丹心

모진 春香이 그밤 새벽에 또 까무러처서는
영 다시 깨어나진 못했었다 두견은 우렀건만
도련님 다시 뵈어 恨을 풀었으나 살아날 가망은 아조 끈끼고
왼몸 푸른 脈도 홱 풀려 버렸을 법
出道 끝에 御使는 春香의 몸을 거두며 울다
「내 卞苛보다 더 殘忍無智하여 春香을 죽였구나」

에서 서로 상충되고 있음을 알 수 있다. 이를테면 李夢龍이 암행어사가 되어 등장하는 6연에서 '李도령은 殘忍스레 우섰다 저 때문의 貞節이 자랑스러워'라고 한 句節에서 '殘忍스레'나 '자랑스러워'로 이어진 문맥에서 풍기는 뉘앙스나 분위기 및 토운에서 『春香傳』과는 판이한 양상을 볼 수 있으며, 그러한 양상은 특히 7연에 이르러 두드러진다.

　『春香傳』의 내용 자체가 안고 있는 문제성은 그것이 배경으로 하고 있는 사회 제도나 관습 및 시대성으로 미루어 전적으로 타당성이 주어질 수 없는 것에 대해서는 일찍부터 논의되어져 왔다. 그러나 『춘향전』이 지니는 이러한 문제성에도 고대소설의 한 典型으로 금자탑을 이루고 있음은 말할 것도 없거니와, 그 주인공 '춘향'은 정절의 표상으로서 신격화되어 전승되고 있는 점이 그것을 입증해 주고 있는 것이다. 춘향과 이몽룡, 춘향과 변학도와의 삼각관계에

서 죽음을 걸고 애인 이몽룡을 기다려야 하는 정절과 현실에 순응하여 살 수 있는 수청이란 갈등, 그러나 춘향의 죽음을 무릅쓰고 정절을 지켜야 했던 일편단심이 『춘향전』의 기본 구조인 것이다.

이와 같이 『春香傳』의 기본 구조인 苦盡甘來의 결미법은 거개의 고대소설에 일관하는 원리이다. 이에 반해서 영랑의 詩 「春香」은 『춘향전』을 바탕으로 하고 있으면서도 그 결미법은 전혀 이와 대립되는 것으로 서구 고전비극의 구성법을 취하고 있다. 다시 말해서 춘향이 변학도에게 겪는 수난 과정은 서로 일치하고 있으나, 그 결미를 일편단심 기다리던 이몽룡과의 해후와 함께 죽음으로 이끌어 갔다는 것이다.

이러한 결미법은 우리의 고유한 敍事文學이 갖는 구성 원리는 아니다. 서구 고전비극의 구성원리로서 大團圓(dénouement)과도 같은 것이다. 따라서 영랑이 이렇게 전통의 소재로서 그것을 서구 고전비극의 구성법으로 運用하고 있음은 그의 의도적인 반영일 뿐만 아니라 서구문학에 대한 그의 깊은 소양과 조예를 바탕으로 이루어진 것이 아닐까 한다.

하여간 여기서 영랑의 詩 「杜鵑」과 「春香」을 하나의 유형으로 보게 된 것은,

    비탄의 넋이 붉은 마음만 낯낯 시들피나니
    지튼 봄 옥속 春香이 아니 죽었슬나듸야
                      ——「杜鵑」에서

    두견이 울어 두견이 울어 南原 고을도 깨어지고
    오! 一片丹心

    모진 春香이 그밤 새벽에 또 까무러처서는

영 다시 깨어나진 못했었다 두견은 우렀건만
——「春香」에서

과 같이 '춘향'과 '두견'이 서로 교차되어져 있는 것조차도 의도적인 것이겠으나, 전자 「杜鵑」은 키이츠의 「杜鵑賦」의 '杜鵑(nightingale)'에서 발상했으면서도 蜀王 望帝魂의 피울음 소리로 표상되었고, 후자 「春香」은 『춘향전』의 내용, 아니 전통의 소재를 취했으면서도 서구 고전 비극의 결미법으로 처리하고 있는 것으로 보아, 전통과 異質의 變奏라는 범주에 포괄할 수 있기 때문이다.

4 結 語

永郞의 詩에 대한 논의는 그 동안 여러 사람에 의해서 이루어졌다. 그러나 이들의 거의가 詩의 음률이나 시어법과 같은 형태적인 면에 집중되어 있거나, 아니면 몇몇 작품으로 한정한 부분적인 논의에 그쳐 있는 것이다. 그리하여 본고에서는 이러한 형태적인 면이나 작품론을 지양하고 영랑의 시적 편력에 따른 전반적인 논의로 그의 시작 내용을 중심으로 思想의 추이 과정을 통시적으로 고찰하였다. 다시 말해서 영랑의 詩歷을 전기와 후기로 구분하여 전기를 「'촉기'와 情感的 究竟」에다, 후기를 「'삶'의 회의와 自我의 확충」에다 포괄하였다.

그 초기시는 《詩文學》과 《文學》 양지에 실린 작품들을 중심으로 엮은 『永郞詩集』 초판본의 수록 시편들로 자연에 대한 깊은 애정과 對人生 태도에서도 逆情이나 깊은 회의가 없을 뿐만 아니라 '슬픔'이나 '눈물'의 정서를 '燭氣'로 극복하고 있다. 그러나 이들은 대체로 '내 마음'의 차원에서 발상시키고 있다. '내 마음'의 차원이 의식 구조에서 어느 한계라고 적확히 말할 수는 없겠지만, 心魂 깊이 뻗치는 심층적 차원은 아닌 것 같다. 깊이 생각케 하는 心魂의 세계가 아니라, 그런 마음을 감득케 하는 감성적 차원으로서 '내 마음'과 '내 가슴'인 것이다.

그리고 후기시는 「거문고」・「가야금」・「五月」・「毒을 차고・「연」・「墓碑銘」・「한줌 흙」・「春香」 등 1940년을 전후해서 발표한 작품들에서 비롯된다. 그 이전의 「佛地菴抒情」・「淸明」・「杜鵑」 등에서 보인 형태적 변모와 함께 소재나 내용의 변모가 전혀 없었던 것은 아니나, 그 후기 시에서도 8・15 해방을 기점으로 발표된 작품들은 또 한번의 변모를 시도하고 있음을 볼 수 있다.

다시 말해서 영랑은 그 후기에 이르러 시선을 사회로 돌려 自我를 확대하고 있을 뿐만 아니라, 對人生 태도에서도 깊은 회의와 '죽음'의 의식에 강렬히 사로잡히게 된다. 그 초기시들이 고요하고 섬세한 감각과 自我의 내면, 즉 '마음'의 세계로 향해져 있는데 반해서, 후기시들은 이러한 감각과 內向性에서 벗어나 자아를 사회로 확대하고 '죽음'을 강렬히 의식하기 시작한다.

그러나 이런 '죽음'에 대한 의식은 8・15 해방과 함께 사라지고 사회 참여의 의욕이 강렬히 나타난다. 이를테면 일제 치하에서 제한된 공간 의식과 강박관념 속에서 느낀 自虐的 충동이라 할 수 있는 죽음을 떨쳐 버리고 새로운 조국 건설의 대열에 참여하려는 의욕으로 충만되어져 있다. 詩의 색조가 밝아지고 조국 산하의 생동하는 모습을 강한 의욕으로 표상한 것이 8・15 해방 후의 시적 경향이라 할 수 있다.

□ 金永郎 評傳・詩壇活動

永郎의 詩壇活動

1 永郎詩集의 편성 경위

永郎의 시집은 1935년 11월 詩文學社간의 『永郎詩集』을 위시하여 8・15해방 후 中央文化社와 正音社에서 간행한 『永郎詩選』과 新丘文化社간의 『韓國近代詩人全集⑤』과 博英社간의 『永郎詩集』이 있다. 그러나 이들은 판이 거듭될 때마다 몇 편씩 추가 증보되고 있는 것들로 그 유형은 대체로 다음의 셋으로 구분된다.

첫째, 시문학사간의 『永郎詩集』은 朴龍喆에 의해서 편집 간행된 것으로 총 53편의 시를 수록하고 있다. 이들은 거의 《詩文學》과 《文學》 양지에 발표된 것들이나, 처음 발표될 때의 詩題를 버리고 일련 번호만 붙이고 있는 것이다.

둘째, 중앙문화사간의 『永郎詩選』과 정음사간의 『永郎詩選』은 각기 1949년과 1956년에 간행된 것이지만, 그들은 편성 내용에 있어서 서로 일치하고 있다. 이것은 정음사간의 『永郎詩選』 말미에 있는 李軒求의 「再版의 序에 代하여」에서,

다시 형의 遺詩를 再版하였으면 하는 의논이 가끔 있었던 것이요, 특히 작년 봄에는 미망인의 傳言을 遺子들을 통하여 듣기도 하여 이의 인쇄를 추진하려고 알선하여 왔다. 그러던 중 천만다 행으로 1949년 발간된 형의 自選인 『永郎詩選』의 紙型이 남아 있다는 말을 듣고 수소문하여 알아본 결과, 기적처럼 大韓印刷公私

창고 속에서 兩次의 敵侵을 받으면서도 이것만이 그대로 고스란히 남아 있다는 것은 하나의 天幸이 아닐 수 없는 것이다.

라고 한 것으로 보아 정음사간 『永郞詩選』은 중앙문화사간의 『永郞詩選』의 紙型을 그대로 이용한 것임을 알 수가 있다. 그러나 여기서 중앙문화사간의 『영랑시선』을 "永郞의 自選……운운"한 것은,

    그는 좋아라고 자기 詩選도 내고, 대한 독립 운동도 하겠다 하며 "내 詩選은 자네가 봐서 고르고 跋文도 좀 붙여라" 했다. …… 끝으로 이 詩選을 3부로 나눈 것은 연대순에 의한 것이 아니라, 詩型 또는 내재율의 유별로 가른 것임을 말해 둔다. 이렇게 하는 것이 독자들을 위하여 오히려 편리하지 않을까 생각되었기 때문이다.

라고 한 徐廷柱의 「永郞의 일」이나, 『永郞詩選』(정음사간)의 「跋詞」에서 한 말로 미루어 알 수 있다. 따라서 이 두 『永郞詩選』은 편성 내용이 서로 일치하고 있는 것들로, 시문학사간의 『永郞詩集』에 수록된 53편 중 43편과 새로 17편을 추가하여 총 60편으로 이루어져 있다.

  셋째, 신구문화사의 『韓國詩人全集⑤』(1956년 4월)과 박영사의 『永郞詩集』(1959년)은 각기 70편으로 편성되어져 있으나, 그들 일부 시편의 배열만 달리하고 있는 것이다. 전자 『韓國詩人全集⑤』은 『朴龍喆詩集』, 『辛夕汀詩集』과 함께 편성되어져 있으며, 후자 박영사간의 『永郞詩集』은 문고본으로 되어 있다. 이 두 시집에 증보된 10편의 시는 시문학사간의 『永郞詩集』에 실린 53편 가운데서 중앙문화사 및 정음사간의 『永郞詩選』 간행 당시 제외되었던 10편을 다시 수록한 것이다.

2 《詩文學》과 永郎의 관계

永郎이 《시문학》을 통해서 시단에 처음 등장했던 사실은 널리 알려진 사실이다. 뿐만 아니라 이 《시문학》은 永郎과 朴龍喆과의 교우에서 태동한 것임은 박용철이 영랑에게 보낸 私信에서,

梁柱東 군의 《文藝公論》을 평양서 發刊한다고 말하면 이에 방해가 될 듯싶네. 그러나 通俗 위주일 게고 敎授 품위를 발휘할 모양인가 보니 길이 다르이. 하여간 芝溶·樹州 중 得其一이면 시작하지. 劉玄德이가 伏龍 鳳雛에 得其一이면 天下可定이라더니 나는 지용이가 더 좋으이. 《文藝公論》과 특별한 관계나 맺지 않았는지 모르지. 서울 걸음은 해 보아야 알지.

라 한 것이라든지, 또는 그의 日記에서,

2월 10일(정월 초2일)이었다. 詩잡지의 출판 등의 결정적 의논을 하고 3월 하순의 上京을 約하였다.

라고 한 것으로 미루어 알 수 있다. 이와 같이 박용철 주재로 간행한 《시문학》은 통권 3호로서 종간되었지만, 한국시사에서 하나의 전환점을 이룬 순수 詩誌임은 말할 것도 없다. 이에 대해서 영랑 자신도 당시를 회고하여 쓴 「人間 朴龍喆」에서 말하기를,

《詩文學》은 나온 뒤 어느 한 분의 비평문도 얻어 본 일이 없는 것도 기이하였지마는 그러한 순수 詩誌가 그만한 내용과 체재를 가지고 나왔던 것도 당시 詩壇의 한 경이가 아닐 수 없었다. 다만 世評대로 너무 고답적인 편집 방침이 詩誌의 수명을 짧게 한 것

은 유감이랄밖에 없다. 뒤이어 《文藝月刊》·《文學》 등에서 龍兒
는 名編輯人이었고 특히 《文學》은 벗의 특이한 편집 취미가 가장
잘 나타나 있다 할 수 있었다.

라 하고 있다. 요컨대 순수 시지 《詩文學》이 갖는 문학사적 의의와
朴龍喆이 《詩文學》·《文藝月刊》·《文學》 등의 편집에서 보인 재
능을 영랑은 이렇게 말하고 있는 것이다. 그러나 영랑은 이 세 문예
지에서 《文藝月刊》에는 단 한 작품도 발표하지 않고 있다. 위의 인
용에서도 영랑의 고답파적 기질이 암시되고 있듯이 박용철과 海外
文學派들의 합작으로 이룩한 《문예월간》은 영랑에게는 조잡스럽고
속되게만 보였던 것이다.

 벗의 異兄과 《文藝月刊》을 시작하여 그 첫호가 나왔을 제 나는
벗을 어찌나 공격하였던고. 2, 3호 이렇게 나올 때마다 실로 내
공격 때문에 벗은 딱한 듯하였다. 순정과 양심으로 시작한 《詩
文學》 바로 뒤에 迎合과 妥協이 보이는 편집 방침은 세상을 모르
는 내가 벗을 공격하였음도 지당한 일이었다. 그 다음에 나온
《文學》은 그래도 깨끗하고 당차지 않았는가. 지금 생각해 보아도
《文藝月刊》은 문예지로서 三流 이하의 편집밖에 더 될 게 없다.
벗이 時調를 쓰시던 버릇과 《文藝月刊》을 하던 것을 나는 참으로
좋이 여기지 않았었다.

이와 같이 영랑은 朴龍喆이 편집 간행한 세 문예지 중 《詩文學》과
《文學》 통권 3호에 이르기까지 계속 많은 작품을 발표하고 있었는데
반해서, 《문예월간》에는 통권 4호에 이르기까지 단 한 편의 작품도
발표하고 있지 않았던 경위를 알게 된 것이다. 《시문학》은 원래 박
용철과 영랑이 함께 기획 간행한 것이지만, 《文藝月刊》에는 영랑

이 전혀 참여하지 않고 있다가 《문학》지에 다시 그의 작품을 발표하고 있는 사실은 이들 서로의 교우 관계를 말해 주고도 있다.

《文學》 창간호는 《文藝月刊》지에 예고한 《詩文學》 4호의 원고를 바탕으로 편집 간행한 것이다. 이것은 《시문학》 4호의 예고된 목차 내용과 일부 중복되어져 있는 것으로 미루어 알 수 있다.

한 마디로 영랑과 《詩文學》 및 《文學》지와는 불가분의 관계로 이 양지에 발표된 영랑의 작품들은 그 초기시에 해당하고 있다. 뿐만 아니라 1935년 박용철에 의해서 편집된 『永郞詩集』은 이들 중심으로 하여 엮어진 것이다. 그 후 영랑은 어느 특종의 문예지에 전적으로 관여한 흔적은 전혀 없고, 다만 당시의 몇몇 잡지에 발표된 작품들을 찾아볼 수 있을 뿐이다.

□《詩文學》1~3호 所收詩:「동백닙에 빗나는 마음」·「어덕에 바로 누어」·「누이의 마음아 나를 보아라」·「四行小曲 七首」(뵈지도 안는·님두시고·문허진 성터에·저녁쌔 저녁쌔·풀우에 매저지는·푸른 향물·좁은 길가에)·「除夜」·「쓸쓸한 뫼아페」·「원망」·「내마음 고요히 고흔 봄길우에」·「쑴바테 봄마음」·「四行小曲 五首」(허리띄 매는·못오실 님이·다정히도 부러오는·향내 업다고·어덕에 누어)·「가늘한 내음」·「하날가스 다은데」·「내 마음을 아실 이」·「四行小曲 五首」(밤ㅅ사람 그립고야·눈물속 빗나는·뷘 포케트에 손찌르고·바람에 나붓기는·뺄은 가슴을)·「시내ㅅ물 소리」

□《文學》1~3호 所收詩:「四行小曲 六首」(그밖에 더 아실이·밤이면 고총아래·저 곡조만 마조·山골을 노리터로·사랑은 깊으기·빠른 철로에)·「佛地菴抒情」·「모란이 피기까지는」

이상은 영랑의 詩的 출발을 이루는 《詩文學》과 《文學》 양지에 발표된 작품들이다. 총 37편 중 四行小曲이 23편으로 후에 간행된 『永郎詩集』 초판본은 이들을 중심으로 엮어진 것이다. 이외에도 《시문학》 2호에 실린 예이츠(Yeats, William Butler) 원작 「하늘의 옷감(He wishes for the Cloths of Heaven)」과 「이니스프리(The lake isle of Innisfree)」 등의 역시가 있다.

그런데 『永郎詩集』 초판본의 작품 가운데 그 발표지가 밝혀지지 않았거나, 이 시집에 처음으로 실린 작품은 18편인데, 이들을 들어보면 다음과 같다. 앞의 번호는 『永郎詩集』에 편성될 때의 순서이다.

④「뉘 눈결에 쏘이였소」, ⑥「바람이 부는대로」, ⑦「눈물에 실려가면」, ⑮「숩향긔 숨길을」(四行小曲), ⑲「그 색시 서럽다」(四行小曲), ㉓「떠날러가는 마음의」(四行小曲), ㉗「미움이란 말속에」(四行小曲) ㊱「생각하면 붓그러운」(四行小曲) ㊲「왼몸을 감도는」(四行小曲), ㊵「그대는 호령도 하실만하다」, ㊶「아퍼누어 혼자 비노라」, ㊼「물보면 흐르고」, ㊽「降仙臺 돌바늘 끝에」, ㊾「사개틀닌 古風의 툇마루에」, ㊿「마당앞 맑은 새암을」, (51)「황홀한 달빛」, (52)「杜鵑」, (53)「淸明」

*《詩文學》 2호에 발표된 四行小曲 「못오실 님이」는 『永郎詩集』 초판본에 수록되지 않은 유일한 작품이다.

3 永郎의 후기 詩

(1) 詩作品의 발표지별 분포 : 시문학사의 『永郎詩集』(1935년) 이후 영랑의 시는 《女性》·《朝光》·《文章》·《人文評論》·《新天地》·

《白民》·《文藝》·《新思潮》·《民聲》·《民族文化》·《東亞日報》·《서울신문》·《민중일보》 등 그의 死去 직전까지 발표되고 있는데, 이들 중 《女性》 3권 10호의 「가을」과 《新思潮》 창간호의 「앞허 누어」를 제외하고는 모두 후기시에 해당한다.

　　《女性》지 所收詩 : 「가을」·「달마지」·「연」(1)·「江물」·「호젓한 노래」
　　《朝光》지 所收詩 : 「墓碑銘」·「한줌 흙」·「거문고」·「가야금」
　　《文章》지 所收詩 : 「五月」·「毒을 차고」·「春香」
　　《人文評論》지 所收詩 : 「집」
　　《新天地》지 所收詩 : 「한줌 흙」·「놓인 마음」·「忘却」·「五月恨」
　　《白民》지 所收詩 : 「연」(2)·「千里를 올라온다」
　　《民聲》지 所收詩 : 「발짓」·「어느날 어느때고」
　　《文藝》지 所收詩 : 「五月 아츰」
　　《新思潮》지 所收詩 : 「앞허 누어」
　　《民族文化》지 所收詩 : 「行軍」·「池畔追憶」
　　《민중일보》지 所收詩 : 「바다로 가자」
　　《東亞日報》지 所收詩 : 「북」·「겨레의 새해」·「새벽의 處刑場」·「絶望」
　　《서울신문》지 所收詩 : 「感激 八·一五」

　이상은 필자의 입수한 자료의 범위 안에서 영랑의 후기시를 정리한 발표지별 분포이다. 이 가운데서 발표지와 詩集에 중복되어 있는 작품이 다소 있는데, 첫째 《女性》지에 발표된 「가을」은 원래 《詩文學》 창간호에서는 그 제목을 「누이의 마음아 나를 보아라」로 하였으나 후에 「오—매 단풍 들것네」로 하기도 하였다. 둘째, 《朝光》지에 실린 「가야금」은 후에 改稿하여 「行軍」이란 제목으로 《民族文化》 창간호에 다시 발표하고 있다. 셋째, 《新天地》의 「한줌 흙」은 《朝光》지에 이미 발표된 것을 다시 실린 것이다. 넷째, 《新天地》에 실린 「놓인 마음」을 『永郎詩選』에서는 「땅거미」로 개제하여 수록하고 있다. 다섯째, 《新思潮》지의 「앞허 누어」는 『永郎詩集』 초판본의 「아퍼누어 혼자 비노라」를 다시 발표한 것이다.

바로 앞의 「永郎詩集의 編成經緯」에서 이미 밝혔듯이, 1959년에 간행된 신구문화사 및 박영사의 『永郎詩集』에 실린 70편의 詩는 그 이전의 중앙문화사 및 정음사의 『永郎詩選』에 수록되어 있는 60편 중 『永郎詩集』(시문학사간 1935년) 초판본의 53편에서 제외된 10편을 다시 수록하여 70편이 된 셈이다. 중앙문화사간의 『永郎詩選』(1949년)은 원래 영랑이 徐廷柱에게 위임하여 편성케 하였지만 『永郎詩集』 초판본에 수록된 작품에서 10편을 제외한 것을 보면 작자 자신의 의도도 크게 반영되어 있는 것이 확실시된다.

중앙문화사 및 정음사간의 『永郎詩選』에 제외되었던 『永郎詩集』 초판본의 詩 10편은, ⑦ 「눈물에 살려가면 山길로 七十里」· ㉖ 「사랑은 기프기 푸른 하날」(四行小曲)· ㉟ 「빠른 철로에 조는 손님아」(四行小曲)· ㊱ 「생각하면 붓그러운 일이여라」(四行小曲)· ㊶ 「아퍼누어 혼자 비노라」· ㊹ 「바람따라 가지오고 멀어지는 물소리」· ㊽ 「降仙臺 돌바늘 끝에」· ㊾ 「사개틀닌 古風의 툇마루에 없는 듯이 안져」· ㊿ 「마당앞/맑은 새암을 드려다본다」· ㋑ 「황홀한 달빛」 등이다.

＊원래 제목 없이 번호만 붙어 있는데 편의상 첫行節을 따서 표제화한 것이다.

그런데 중앙문화사 및 정음사간의 『永郎詩選』에 실린 60편은 바로 앞의 10편을 제외한 『永郎詩集』 초판본의 43편과, ④ 「五月」

(1939년 《文章》 7월호 所收)・⑤「五月 아츰」(1949년 《文藝》 9월호 所收)・⑥「낮의 소란 소리」(未詳, 『永郎詩選』 所收)・⑩「빛갈 환히」(1939년 《女性》 4월호 所收)・⑬「내 홋진 노래」(1940년 《女性》 6월호 所收)・⑯「수풀 아래 작은 샘」(未詳, 『永郎詩選』 所收)・⑳「땅거미」(1948년 《新天地》 10월호 所收)・㉑「집」(1940년 《人文評論》 11월호 所收)・㉓「연」(Ⅰ)(1939년 《女性》 5월호 所收)・㉔「연」(Ⅱ)(1949년 《白民》 1월호 所收)・㉗「언—땅 한길」(未詳, 『永郎詩選』 所收)・㉘「북」(1946년 《東亞日報》 12월 10일字 所收)・㉙「바다로 가자」(1947년 《민중일보》 8월 7일字 所收)・㊺「한줌 흙」(1940년 《朝光》 3월호 所收)・㊻「毒을 차고」(1939년 《文章》 9월호 所收)・㊾「春香」(1940년 《文章》 11월호 所收)・㉚「忘却」(1949년 《新天地》 8월호 所收) 등 17편이 추가 증보되어 이루어진 것이다. 따라서 그때까지 밝혀진 永郎의 詩는 신구문화사나 박영사간의 『永郎詩集』에 수록되어 있는 70편이지만, 이외에도 「永郎의 후기 詩」에 제시한 작품들 가운데서 여기에 수록되어 있지 않는 작품으로는 16편이 있다.

「가야금」(1939년 《朝光》 1월호 所收)・「거문고」(1939년 《朝光》 1월호 所收)・「墓碑銘」(1939년 《朝光》 12월호 所收)・「江물」(1940년 《女性》 4월호 所收)・「偶感」(1940년 《朝光》 6월호 所收)・「새벽의 處刑場」(1948년 《東亞日報》11월 14일字 所收)・「絶望」(1948년 《東亞日報》 11월 16일字 所收)・「겨레의 새해」(1949년 《東亞日報》 1월 6일字 所收)・「발짓」(1949년 《民聲》 8월호 所收)・「感激 八・一五」(1949년 《서울신문》 8월 15일字 所收)・「行軍」(1949년 《民族文化》 10월호 所收)・「池畔追憶」(1950년 《民族文化》 2월호 所收)・「어느날 어느때고」(1950년 《民聲》 3월호 所收)・「千里를 올라온다」(1950년 《白民》 3월호 所收)・「五月恨」(1950년

《新天地》 6월호 所收)・「琴湖江」(未詳, 金南石의 「詩精神論」에 인용되어 있음).

그러나 위에서 「가야금」은 改稿되어 「行軍」이란 표제로 《民族文化》 창간호에 실린 작품임은 이미 앞에서 말한 바와 같다.

(2) 評文 및 기타 : 영랑의 경우, 評文이나 수필 및 기타의 잡문은 희소하다. 이제까지 밝혀진 것은 약 20편으로 당시의 신문과 잡지에 발표되어 있다. 그런데 이들 중 5편이 朴龍喆과 관련된 것으로 영랑과 박용철과의 우의의 심도를 나타내 보여 주고도 있다.

「감나무에 단풍드는 全南의 九月」(수필・1938년 《朝光》 9월호 所收)
「後記」(평문・『朴龍喆全集』 1권 1939년 5월 所收)
「杜鵑과 종다리」(수필・1939년 《朝鮮日報》 5월 20~21일字 所收)
「避署地巡禮」(設問答・1939년 《女性》 8월호 所收)
「人間 朴龍喆」(隨想・1939년 《朝光》 12월호 所收)
「春雪」(수필・1940년 《朝鮮日報》 2월 23일字 所收)
「春水」(수필・1940년 《朝鮮日報》 2월 24일字 所收)
「春心」(수필・1940년 《朝鮮日報》 2월 27일字 所收)
「垂楊」(수필・1940년 《朝鮮日報》 2월 28일字 所收)
「芝溶 兄」(書簡・1940년 《女性》 5월호 所收)
「補遺」(評文・『朴龍喆全集』 2권, 1940년 5월 所收)
「熱望의 獨立과 冷徹한 現實」(評文・1947년 《민중일보》 6월 17일字 所收)
「制服없는 大學生」(時論・1949년 《海東公論》 3월호 所收)

마을을 휩쓸고 목숨 아서간
간밤 풍랑도 가소롭구나

아침날빛에 돛 노피 달고
청산아 봐란듯 떠나가는 배

바람은 차고 물결은 치고
그대는 호령도 하실 만하다

　南道에도 남해 康津 하는 강진골 앞 다도해 위에 오리 새끼들처럼 잠방거리며 노니는 섬들이 보이는 듯하지 아니한가? 섬들을 길러내기는 滄浪이 하는 것이라, 이만만 하여도 이 시는 알기가 쉽다. 나머지는 읽어 보소.
　그러나 이 시는 지극히 과작인 영랑의 시로서는 近作에 속하는 것이니 그다지 아기자기하게도 多情多恨한 哀傷 시인 영랑은 나이가 30을 넘은 후에는 인생에 다소 자신이 생겼던 것이다. 野渡無人舟自橫격으로 슬픔과 그늘에서 지나다가 비로소 돛을 덩그러이 달고 호령삼아 나선 것이 아닐까?
　이야기는 훨씬 뒤로 물러선다.
　萬歲 때 바로 전해 徽文高普 校庭에 정구채를 잡고 뛰노는 紅顔美少年이 하나 있었으니 밤에는 하숙에서 바이올린을 씽쌩거리는 중학생이라 학교 공부는 혹은 시원치 못했을는지도 모를 일이다. 그때 그 버릇이 지금도 남아서 바이올린 감상은 상당한 양으로 자신하는 지금 영랑이 그때 그 중학생 金允植이었으니 畫家 香隣과 한패요, 그 윗반에 月灘이 있었고 最上級에 露雀·夕影이 있었고 맨 아랫반 1년생에 내가 끼여 있었다. 그 후에 영랑은 한 1년 未決監 생활로 중학은 3년 진급 정도로 그치고 빼빼 말라 가지고 동경으

로 달아났던 것으로 생각된다.
　20세 전 早婚이었으나 그 댁네가 절세미인이시었던 모양이다. 20세 전에 喪妻하였으니 영랑은 세상에도 가엾은 소년 홀아비가 되었던 것이다.

　　쓸쓸한 뫼아페 후젓이 앉으면
　　마음은 갈앉은 양금줄 가치
　　무덤의 잔듸에 얼골을 부비면
　　넉시는 향맑은 구슬손 가치
　　……

　　눈물에 실려가면 山길로 七十里
　　도라보니 찬바람 무덤에 몰리네
　　……

　　좁은 길가에 무덤이 하나
　　이슬에 저지우며 밤을 새인다
　　나는 사라져 저별이 되오리
　　뫼아래 누어서 희미한 별을

　뺨을 마음놓고 부비어 보기는 실상 무덤 위 잔디풀에서 그리하였는지도 모를 것이다.
　엄격한 南道 사람의 가정에서 층층시하 눌리어 자라나는 소년으로서 부부애를 알았을 리 없다. 소년 영랑은 喪妻하자 비로소 애정을 깨달았던 것이요, 다짜고짜 失戀한 셈이 되었으니 이 印度的 풍습으로써 온 비극으로 인하여 그는 인생에서 먼저 만난 관문이 '무덤'이었던 것이다.

그리하여 그의 '詩'가 처음 내디딘 길가에 장미가 봉오리진 것이 아니라 後孫도 없는 조촐한 무덤이 하나 이슬에 젖으며 별빛에 씻기우며 봉긋이 솟아 있다.

그색시 서럽다 그얼굴 그동자가
가을하날가에 도는 바람숫긴 구름조각
햇슥하고 서늘라워 어대로 떠갔으랴
그색시 서럽다 옛날의 옛날의

워낙 나이가 어리어 여읜 아내고 보니까 아내라기보담은 '그 색시'로 서럽게 그리워지는 것도 부자연한 일은 아니리라, 항차 '그 색시'가 바람에 씻긴 구름 조각처럼 어딘지 떠나갔음이랴! '그 색시'는 갔다. 그러나 불행한 뮤즈가 되어서 다시 돌아왔다. 영랑은 따라나섰다.

숨향기 숨길을 가로막었오
발끝에 구슬이 깨이어지고
달따라 들길을 거러다니다
하롯밤 여름을 새워버렸오

저녁때 저녁때 외로운 마음
붓잡지 못하야 거러다님을
누구라 불러주신 바람이기로
눈물을 눈물을 빼아서가오

바람에 나붓기는 깔닙
여울에 희롱하는 깔닙

알만 모를만 숨쉬고 눈불매즌
　　내 청춘의 어느날 서러운 손ㅅ짓이여

　　뻘은 가슴을 훤히 벗고
　　개풀 수집어 고개숙이네
　　한낮에 배란놈이 저가슴 만젓고나
　　뻘건 맨발로는 나도 작고 간지럽고나

　불행한 뮤즈한테 끌리어 방황한 곳은 다도해변 숲속 갈밭 개흙벌 풀밭 등지이었으니 영랑은 입은 굳이 봉하고 눈과 가슴으로만 사는 경건한 神的 狂人이 되어 가는 것이다.

　　풀우에 매져지는 이슬을 본다
　　눈섭에 아롱지는 눈물을 본다
　　풀우엔 정긔가 꿈가치 오르고
　　가삼은 간곡히 입을 버린다

　동경으로 떠나던 전날 밤 영랑의 시——

　　님두시고 가는길의 애끈한 마음이여
　　한숨쉬면 꺼질듯한 조매로운 꿈길이여
　　이밤은 캄캄한 어느뉘 시골인가
　　이슬가치 고힌눈물을 손끗으로 깨치나니

　靑山學院에 입학된 후 故友 龍喆과 바로 친하여 버렸다. 龍喆은 수재 학생의 본색을 발휘하기 시작하였다. 일년 후에 東京 外語獨語科에 보기 좋게 패스하였다. 영랑의 神的 狂氣가 增勢되었다.

「文學이 부업이라던 朴龍喆 兄」(故人新情・1949년《民聲》10월
호 所收)
「出版文化 育成의 構想」(評文・1949년《新天地》10월호 所收)
「新人에 對하여」(評文・1950년《民聲》4월호 所收)
「朴龍喆과 나」(評文・1958년《自由文學》6월호 所收)

「人間 朴龍喆」・「朴龍喆과 나」・「文學이 부업이라던 朴龍喆 兄」・「後記」・「補遺」 등 5편은 모두 박용철의 死後, 그에 대한 회상문이다. 「人間 朴龍喆」은 영랑이 박용철의 유고를 정리하면서 벗을 잃은 애절한 감정을 쓴 것이고, 「朴龍喆과 나」는 영랑과 정지용이 함께 박용철의 유고를 정리하여 그 전집이 간행되던 날의 착잡한 심정을 말한 것이다. 「文學이 부업이라던 朴龍喆 兄」은 박용철이 死去한 지 10년이 지난 1948년에 쓴 것으로 이 두 시인의 우의 관계를 다시 회고한 것이다.

「出版文化 育成의 構想」은 영랑이 공보처 출판국장으로 재직할 당시 출판문화의 육성책을 제시했다. 다시 말해서 〈解放과 出版界〉・〈現下 出版界의 考察〉・〈정부 수립 후의 狀況〉・〈出版文化에 대한 유의점〉 등의 내용으로 이루어진 이 논문은 그 시대의 출판계 현황을 살피고 그에 따른 육성책을 말한 것이다. 그리고 「新人에 대하여」는 許允碩의 「슬픈 決算書」와 함께 수록된 것으로, 전자 「新人에 대하여」는 기성작가를 대변하여 영랑이 新人에 대한 무기력을 책한 것이고, 후자 「슬픈 決算書」는 許允碩이 신인의 입장에서 기성작가의 남겨 놓은 유산이 별로 없음을 논한 것이다. 이 외에도 1949년 3월호 《新天地》에 역재된 에리히 바이너트(Weinert, Erich 1890~1953) 원작 「나치 反抗의 노래」(屠殺者의 軍隊를 떠나라!・히틀러에 對하는 獨逸兵士・兵士들이여 이제는 아무 希望도 없다)가 있다.

4
金永郎 研究資料集

金永郎과 그의 詩/鄭芝溶
□ 金永郎 詩 改作 對照表
□ 金永郎 年譜
□ 金永郎 作品 年譜
□ 金永郎 研究資料 總目錄

永郎과 그의 詩

鄭 芝 溶

　永郎이라면 예전에 永郎峰 그늘에서 漢詩를 많이 남기고 간 漢詩人 永郎이 아니요, 金允植 하고 보면 雲養으로 짐작하게 되니, 永郎 金允植은 諺文으로 詩를, 그도 숨어서 지어 온 까닭에 남의 인식에 그다지 선명하게 윤곽이 돌 수 없는 不運을 비탄함직하다.
　좋은 글이면 2, 3차 읽어도 좋고 낮은 글이면 진정 싫다. 그저 好惡으로서 남의 글을 대할 수야 있으랴마는 대부분의 독자란 마호멧적 교도와 같은 것이니 論家는 마호멧 교도를 일일이 붙들고 憾慨할 것이 아니라 미호멧적 매력과 미술에 對陣할 것이 先決 문제이리라. 영랑 시의 독자가 마호멧적 교도가 될 수 없으니 영랑이 마호멧적 敎租가 아닌 소이가 있다.
　영랑은 이렇게 말한 적이 있다.
　"내 시 독자가 다섯이나 될까?"
　적어도 셋쯤은 자신이 있었던 모양이나 나머지 둘이 자신이 없었던 모양이다.
　敎徒 다섯에 자신이 없는 마호멧이 있을 수 없는 바이니, 오오, 시인 영랑으로 인하여 내가 문학적 마호멧 교도를 면한 것이 다행하다!

　　창랑에 잠방거리는 섬들을 길러
　　그대는 탈도 없이 태연스럽다

연애, 아나키즘, 루바시카, 長髮, 理論 투쟁, 급진파 교제, 신경
쇠약, 中途 退學, 체중 11관 미만 등등.

　永郎을 한 頂點으로 한 삼각 관계――그런 이야기는 아니 하는
것이 좋다.
　그러나 그의 詩는 이 사건으로 인하여 일층 進境을 보이는 것이
니 어찌 불행한 뮤즈의 怒炎에 타지 않는지 모를 일이다. 불행한 使
徒로 하여금 시련의 가시길을 밟게 하기 위함이었던가.

　　왼몸을 감도는 붉은 피ㅅ줄이
　　꼭 감긴 눈속에 뭉치어 있네
　　날낸소리 한마디 날낸 칼하나
　　그 피ㅅ줄 딱끈어 버릴수없나

　　사랑이란 기프기 푸른하날
　　맹세는 가볍기 힌구름쪽
　　그구름 사라진다 서럽지는 안으나
　　그하날 큰조화 못믿지는 안으나

　　미움이란 말속에 보기실흔 아픔
　　미움이란 말속에 하잔한 뉘침
　　그러나 그말삼 씹히고 씹힐때
　　한거풀 넘치여 흐르는 눈물

　눈물의 기록이라고 남의 비판이야 아니 받을 수 있나?
　영랑의 시는 단조하다고 이르는 이도 있다.
　單調가 아니라 純調다. 複雜을 통과하여 나온 精金美玉의 純粹이

다.
 밤새도록 팔이 붓도록 연습하는 본의는 어디 있는 것인가? 바이올린 줄의 한 가닥에 내려와 우는 天來의 美音. 최후 一線에서 생동하는 음향, 악보를 모방함으로 그치어 쓰겠는가. 악보가 다시 번역할 수 없는 '소리의 生命'을 잡아내는 데 있지 아니한가?
 永郞의 시는 제1장부터 그것이 백조의 노래다.
 그러나 영랑은 시를 주로 연습한 것은 아니다. 시인의 손이 바이올린 채가 아닌 소이다.
 낭비, 自取, 실연, 모험, 흥분, 실패, 방종, 낭만…… 그러 그러한 것들이 반드시 밟아야 할 필수 과목은 아니리라. 그러나 생활과 경험의 經緯線을 넘어가는 청춘 部隊가 이러이러한 것들에게 걸리는 것도 자못 불가항력적인 것이다. 거저 거꾸러질 수는 없다. 그러한 것들은 모두 지나간다.──미묘한 음영과 신비한 음악을 흘리고 지나간 자리에서 시인은 다소 탄식과 회한이 섞인 추수를 걷게 될지는 모르나 여기서 시인의 자업자득의 煉金術을 볼 수 있는 것이다. 화학적이 아닌 항시 인간적인 불가사의의 눈물겨운 결정체──
──그러한 것을 抒情詩라고 하면 아직도 速斷이나 아닐까? 주저하기 전에 단언할 것이 있다.
 인생에서 照準하기는 분명히 달리하였건만 실로 의외의 것이 射落되어 그것이 도리어 기적적으로 완성된 것을 그의 서정시에서 보고 그의 抒情詩人을 경탄하게 되는 것이다.
 영랑의 다음 시로 넘어가기로 하고 이번에는 이만.
 영랑의 시를 논의하면 그만이지 그의 지난 年月과 사생활까지 摘發할 것이 옳지 않을까 하나 詩가 노련한 수공업적 직공의 제품이 아닌 바에야 영랑 詩의 修辭라든지 어휘 선택이라든지 표현 기술을 들어 말함으로 그치기란 실로 견딜 수 없는 일이요, 불가불 그의 생활과 내부까지 추적하여야만 시독자로서 시인을 통째로 파악할 수 있는 것이요, 그의 생활에 그칠 것뿐이랴. 그의 生理까지 음미할 필요가 있는 것이다. 왜 그런고 하니 뉴턴의 만유인력설에서 뉴턴의 생활이나 체질에 관한 것을 찾아낼 수가 조금도 없으나 보들레르의 詩에서는 그의 공정한 學理를 탐구할 편의가 없다. 다분히 얻는 것은 보들레르의 시에서 그의 생활, 기질, 情緖, 의지 등…… 보다 더 生理的인 것, 인간적인 것뿐이 아닌가.

보다 더 시의 생리적인 部面을 통하여 독자는 시의 생리적 共鳴을 얻는 것이니 시의 생리적인 점에서 시의 파악은 더 직접적이요, 不容間位的이요, 文章의 이해보다도 體溫의 傳導인 것이다.

지식과 학문인 점에서 일개 문학자가 한마루 서정시에서 문과 여학생에게 한몫 접히는 일이 없지도 않은 것은 무엇으로 설명할 것인고? 시를 純正 知識으로 취급하여 온 자의 당연한 報酬임에 틀림없다.

    내가슴속에 가늘한 내음
    애끈히 떠도는 내음
    저녁해 고요히 지는제
    머니山 허리에 슬리는 보랏빛

    오! 그 수심뜬 보랏빛
    내가 일혼 마음의 그림자
    한이틀 정렬에 뚝뚝 떠러진 모란의
    깃든 향취가 이가슴노코 갓슬줄이야

    얼결에 여흰봄 흐르는 마음
    헛되히 차즈랴 허덕이는날
    뻘우에 철석 개스물이 노이듯

얼컥 니―는 훗근한 내음

　　아! 훗근한 내음 내키다마는
　　서어한 가슴에 그늘이 도나니
　　수심뜨고 애끈하고 고요하기
　　山허리에 슬니는 저녁 보랏빛

　詩도 이에 이르러서는 무슨 註釋을 시험해 볼 수가 없다. 다만 시인의 五官에 자연의 광선과 색채와 芳香과 자극이 교차되어 생동하는 기묘한 슬픔과 기쁨의 음악이 오열하는 것을 체념할밖에 없다.
　東京으로부터 귀향한 영랑은 경제와 통치 기구에 대한 자연발생적 정열을 전환시키진 못하였던 모양이다. 청년회 소비조합에서 다소 不穩한 지방적 有志이었던 것으로 생각된다. 관심의 대부분이 그러한 硬趣味에 속하였음에도 불구하고 그의 시에는 그의 사상과 主義의 정치성의 片影조차도 볼 수 없는 것은 차라리 그의 시적 生理의 정직한 기분에 돌릴 수밖에 없는 일이요. 그 당시에 범람하던 소위 傾向派 시인의 濁浪에서 천부적 시적 생리를 유실치 않고 고고히 견디어 온 영랑으로 인하여 조선 현대 서정시의 일맥 혈기가 열리어 온 것이 아닌가 생각된다.
　그러나 시인을 다만 生理的적인 점에 치중하는 것은 시인에 대한 일종의 毁損이 아닐 수 없다. 축음기 에보나이트판이 바늘 끝에 마찰되어 이는 음향은 순수 物理的인 것 이외에 아무것도 아니겠으나 그것이 음악인 점에 있어서는 우리가 인류적 향수에 탐닉하여 물리적인 일면은 망각하여 버리는 것이 아니런가. 시에 기록된 시적 생리의 파동은 그것이 결국 레코드의 물리적인 것 일면에 비길 만한, 다만 生理的인 것에 지나지 못하고 마는 것이니, 만일 시인으로서 詩에서 관능 감각의 일면적인 것의 추구에만 그치고 만다면 그것은 가장 섬세한 기교적 신경 쾌락에 대한 일종의 淫逸일 것뿐이요, 또한 그러한 일면적인 것의 偏食적 시 독자야말로 에디슨적 理科에 경도하는 沒風致한 시적 小學生에 불과하리라. 시의 윤리에서 容許할 수 없는 일이다.

  시의 高德은 관능 감각 이상에서 빛나는 것이니 우수한 시인은 生得的으로 艶麗한 生理를 갖추고 있는 것이나 마침내 그 생리를 밟고 일어서서 인간적 감격 내지 정신적 高揚의 단계를 오르게 되는 것이 자연한 것이요, 필연한 것이다.

  시인은 평범하기 일개 시민의 被動的 의무에서 특수할 수 없다. 시인은 謹直하기 실천 倫理 專攻家 修身 敎員의 능동적인 점에서도 제외될 수 없다. 혹은 수신 교원은 실천과 지도에 孜孜함으로 족한 교사일는지 모르나, 시인은 운율과 희열의 제작의 不滅的 選手가 아니면 아니 된다. 시인의 음률과 희열의 제작은 그 동기적인 점에서 그의 비결을 공개치 아니하나니, 詩作이란 언어문자의 구성이라기보다도 먼저 性情의 참담한 연금술이요, 생명의 치열한 조각법인 까닭이다. 하물며 說敎, 訓話, 宣傳, 煽動의 비린내를 감추지 못하는 詩歌類似 문장에 이르러서는 그들 미개인의 노골성에 아연할 뿐이다. 더욱이 詩의 Point d'appui(策源地)를 고도의 精神主義에 두는 시인이야말로 詩的 上智에 속하는 것이다. 보들레르·베를렌느 등이 究極에 있어서 頹唐放逸한 무리의 末紀王이 아니요, 非프로페셔널의 종교인이었던 소이도 이에 있는 것이다.

  이러한 견지에서 영랑이 어떻게 시인적 生長의 과정을 밟아 왔는가를 살피기로 하자.

  영랑은 소년 적에 鄕土에서 불행히 할미꽃처럼 시들어 다시 근대 首都의 쇠약과 격정과 불평과 과민에 重傷되어 고향에 敗退한 것이었다. 흔히 있을 수 있는 일이나 영랑에 있어서는 그것이 도에 지났던 것으로 생각된다. 그러나 그의 시에는 실상 그러한 심신의 영향이 그다지 강렬히 드러나지 아니하고 항시 隱微하고 섬세하고 艶麗하여 低唱 獨白의 抒情三昧境에서 미풍이 이는 듯 꽃잎이 지는 듯 저녁달이 솟는 듯 새벽 별이 옮기는 듯이 시가 자리를 옮기어 나가는 것이니 거기에는 돌연한 전향의 聲明도 없고 급격한 變容의 縫目이 보이지 아니하니 『永郞詩集』은 첫째 目錄이 없고 시마다 제목도 없다. 불가피의 편의상 번호만 붙였을 뿐이니 한숨에 읽어나갈 수 있는 사실로 荒唐한 독자는 시인의 心的 과정의 崎嶇한 추이를 보지 못하고 지날 수 있을지 모르나 그것이 영랑시의 시적 變容이 본격적으로 자연스런 점이요, 시적 기술의 전부를 양심과 조화와 엄격과 완성에 두었던 까닭이다. 온갖 狂燥한 언어와 소란한 동작과 驕激한 도약은 볼 수 없으나 영랑 시는 甘美한 樹液과 隱忍하는 연륜으로 생장하여 나가는 것이다. 누에가 푸른 뽕을 먹고 실을 토하여 그 실 안에 다시 숨어 나비가 되어 나오는 황홀한 과정은 마술의 번복이 아니라 현묘한 섭리의 자연한 질서이겠으며, 성히 벋어 나가는 포도순은 아무리 注視하기로서니 그의 기어나가는 동작을 볼 수가 없다. 그러나 하룻밤 동안에 결국 한 발이 넘게 자라는 것이 아니런가. 어느 동안에 잎새와 열매를 골고루 달았는지 놀라운 일이며 시의 우수하고 건강한 生長도 누에나 포도순의 법칙에서 脫退할 수 없는 것이리라. 이리하여 시인 영랑은 차차 나이가 차고 생활에 젖고 知見을 얻자 悔悟, 渴仰, 諦觀, 解劫, 祈願의 길을 아기자기 밟아 가는 것이었다. 영랑은 그러나 하루아침에 무슨 新精神을 발견한 것도 아니요, 무엇에 歸依한 것도 아니요, 청춘의 오류에 가리웠던 인간 본연의 예지의 원천이 다시 물줄기를 찾은 것이다. 시와 예지의 협화는 심리와 육체를 다시 조절하게 된 것이니 고독의 철저로 육체의 초조를 극복하고 비애의 中正으로써 정신에 효력을 발생케 한 것이다.

제운밤 촛불이 찌르르 녹어버린다
못견듸게 묵어운 어느별이 떠러지는가

어둑한 골목골목에 수심은 떳다 가란젓다
제운맘 이한밤이 모질기도 하온가

히부얀 조히등불 수집은 거름거리
샘물 정히 떠붓는 안쓰러운 마음결

한해라 기리운정을 몯고싸어 힌그릇에
그대는 이밤이라 맑으라 비사이다
　　　　　　　　　　　　——「除夜」

내옛날 온꿈이 모조리 실리어간
하날갓 닷는데 깃븜이 사신가

고요히 사라지는 구름을 바래자
헛되나 마음가는 그곳 뿐이라

눈물을 삼키며 깃븜을 찾노란다
허공은 저리도 한업시 푸르름을

업듸여 눈물로 따우에 색이자
하날갓 닷는데 깃븜이 사신다
　　　　　　　　　——「하날갓 닷는데」

그러나 역시 비애와 허무와 희망이 꽃에 꽃 그림자같이 따르는 것이니 이것은 시인 평생의 영양으로 섭취하는 것이 현명한 노릇이리라.

　이러구러하는 동안에 영랑은 다시 賢夫人을 맞아들이고 큰살림의 기둥이 되고 남의 아버지가 되고 어머니를 여의고 庶母를 치르고 그러고도 항시 시인이었던 것이다. 몸이 나고 살이 붙고 술이 늘고 엉뚱한 일면이 또한 있으니 이층집을 세워 세를 놓고 바다를 막아 물리치고 간석지를 개척하고 동생을 멀리 보내어 유학 뒤를 받들고 하는 것이니 그로 보면 영랑은 소위 病的 신경질이 아니요, 營養型의 일개 선량한 匹夫이다. 그러기에 그가 체중 11貫 미만의 신경 쇠약 시대에 있어서도 그의 시만은 간결 청조할지언정 손마디가 앙상하다든지 광대뼈가 드러난다든지 모가지가 길다랗다든지 한 데가 없이 화려한 지체와 풍염한 紅類에 옴식옴식 자리가 패이는 것이었다.

　　　모란이 피기까지는
　　　나는 아즉 나의봄을 기둘리고 잇슬테요
　　　모란이 뚝뚝 떠러져버린날
　　　나는 비로소 봄을여휜 서름에 잠길테요
　　　五月 어느날 그하로 무덥든날
　　　떠러져누은 꽃닙마져 시드러버리고는
　　　천지에 모란은 자최도 업서지고
　　　뻐처오르든 내 보람 서운케 문허졌느니
　　　모란이 지고말면 그뿐 내 한해는 다 가고말아
　　　三百예순날 하냥 섭섭해 우옵내다
　　　모란이 피기까지는
　　　나는 아즉 기둘리고 잇슬테요 찰란한 슬픔의 봄을

모란을 이처럼 享受한 시가 있었던지 모르겠다. 영랑은 마침내 찬란한 비애와 황홀한 적막의 면류관을 으리으리하게 쓰고 詩道에 昇堂 入室한 것이니 그의 조선어의 運用 修辭에 있어서는 기술적으로도 완벽임에 틀림없다. 조선어에 대한 이만한 自尊과 자신을 갖는다면 아무 문제가 없을까 한다. 會友席上에서 흔히 놀림감이 되는 전라도 사투리가 이렇게 곡선적이오, 감각적이오, 정서적인 것을 영랑의 시로써 깨닫게 되는 것이 유쾌한 일이다.

  호르 호르르 호르르르 가을아침
  취여진 청명을 마시며 거닐면
  수풀이 호르르 버레가 호르르르
  청명은 내머리속 가슴속을 저져들어
  발끝 손끝으로 새여나가나니

  온살결 터럭끗은 모다 눈이요 입이라
  나는 수풀의 정을 알수잇고
  버레의 예지를 알수잇다
  그리하야 나도 이아침 청명의
  가장 고읍지 못한 노랫군이 된다

  수풀과 버레는 자고깨인 어린애
  밤새여 빨고도 이슬은 남었다
    〈下略〉

永郞 시가 여기에 이르러서는 차라리 評筆을 던지고 독자로서 시적 법열에 영육의 震感을 견디는 외에 아무 發音이 있을 수 없다. 자연을 사랑하느니 자연에 몰입하느니 하는 汎神論者的 空疎한 어

구가 있기도 하나 영랑의 자연과 자연의 영랑에 있어서는 완전 일치한 協奏를 들을 뿐이니 영랑은 母土의 자비하온 자연에서 새로 탄생한 갓낳은 새 어른으로서 최초의 시를 발음한 것이다. 환경과 운명과 自業에서 영랑은 제2차로 탄생한 것이다. 결론은 簡單할 수 있으니 시인은 匹夫로 장성하여 다시 흠터 하나 없이 玉같이 시로 탄생하는 것이다.

영랑 시를 논의할 때 그의 주위인 南方 多島海邊의 자연과 기후에 감사치 않을 수 없으니 물이면 거세지 않고 산이면 험하지 않고 해가 밝고 하늘이 맑고 땅이 기름져 겨울에도 장미가 피고 양지쪽으로 옮겨 심은 배추가 통이 앉고 젊은 사람은 솜바지가 훗훗하여 입기를 싫어하는가 하면 해양기후 관계로 여름에 바람이 시원하여 덥지 않은 理想的 남국 풍토에, 첫 정월에도 붉은 동백꽃 같은 一代의 서정시인 永郞이 하나 남직한 것도 자못 自然한 일이로다.

*註: 原題는 「詩와 鑑賞」이지만 그 부제를 따서 이 글의 제목을 삼았다.

《女性》 3권 8~9호 수록

□ 金永郎詩 改作 對照表

제 목	1	2	3	4
동백닙에 빗나는 마음[1]	「동백닙에 빗나는 마음」	「끝없는 강물이 흐르네」		1.《詩文學》1호 2.『永郎詩選』 3.『永郎詩集』 1) 제목 변경
어덕에 바로 누어	5. 미리서 아랏거니	5. 어덕이야 아시련만	5. 어덕이야 아시련만	1, 2, 3 同上
누이의 마음아 나를 보아라[1]	「누이의 마음아 나를 보아라」	「오매 단풍 들것네」		1, 2, 3 同上 1) 제목변경. 《女性》3권 10호에 「가을」로 수록.
쓸쓸한 뫼아페	행맑은 女王像가치	향맑은 구슬 손같이	향맑은 구슬 손가치	1, 2, 3, 同上
원망[1]	「원망」	「한박눈」		1, 2, 3 同上 1) 제목 변경
내마음 고요히 고흔 봄길 우에[1]	「내마음 고요히 고흔 봄길우에」	「돌담에 소색이는 햇발」		1.《詩文學》2호 2.『永郎詩選』 3.『永郎詩集』 1) 제목 변경
꿈바테 봄마음[1]	하이얀 그림자 그림자	하이얀 그림자	하이야 그림자	1, 2, 3 同上 1)『永郎詩選』과『永郎詩集』수록시와는 달리 행이 바뀜(1행→5행)
하날갓 다은데[1]	「하날가사 다은데」	「내옛날 온 꿈이」		1, 2, 3 同上 1) 제목 변경
시내ㅅ물소리	(14行) 7. 힌구름 발 아래 피어 나는上八		(12行)	1.《詩文學》2호 3.『永郎詩集』 1)『永郎詩集』에 있는 詩와는 달

제 목	1	2	3	4
	潭[1] 8. 玉皇의 오랜 서름 사모친 꿈이라니			리 7·8行이 더 있다.
그대는 호령도 하실만하다		1. 흰물새러냐 3. 마을 6. 보아라	1. 섬들을 길러 3. 마을을 6. 봐란듯	2.『永郞詩選』 3.『永郞詩集』
앞허누어	(8行) 앞허누어 혼자 비노라/이대로 지진못하느냐// 미진한 무었이 못니져/힘없고 느릿한 뒷 줄인고// 그저 이슬같이/예사고히 지렴아// 저게 하늘아래/은행닢은 떠나른다		(9行) 아퍼누어 혼자 비노라/이대로 가진 못하느냐// 비는마음 그래도 거짓잇나/사잔욕심 차저도 보나/새삼스레 잇슬리 없다/힘없고 느릿한 피ㅅ줄 하나// 오! 그져 이슬가치/예사 고요히 지렴으나/저긔 은행닢은 떠나른다.	1.《新思潮》1권 1호(1950년 5월) 3.『永郞詩集』
佛地菴抒情[1]	「佛地菴抒情」	「佛地菴」		1.《文學》2호 2.『永郞詩選』 1) 제목 변경
杜鵑		26. 풀내음새	26. 물내음새	2, 3 同上

제 목	1	2	3	4
淸明		18. 토르륵실으르 24. 감각의 시원한 골에 돋은 한낮 풀닢이라 25. 평생을 이슬밑에 자리잡은 한낮 버러지로라	18. 그때에 토록하고 24. 감각의 낯닉은 고향을 차젓노라 25. 평생 못떠날 내집을 드럿노라	2.『永郎詩選』 3.『永郎詩集』
풀우에 매져지는[1]	흐르고	오르고	오르고	1.《詩文學》1호 2, 3 同上 1) 四行詩는 제목이 없으므로 구별을 위해 첫행을 인용.
좁은 길가에 무덤이 하나[1]	뫼아페	뫼아래	뫼아래	1.《詩文學》1호 2, 3 同上 1) 四行詩는 제목이 없으므로 첫행을 인용.
다정히도 부러오든[1]	하날끗을	하늘갓을	하늘갓을	1.《詩文學》2호 2, 3 同上 1) 四行詩 同上
저곡조만 마조 호동글사라지면[1]	내일	새날	내일	1.《文學》1호 2, 3 同上 1) 四行詩 同上
떠날려가는 마음의[1]		파름한	포렴한	2, 3 同上 1) 四行詩 同上
달마지[1]	「달마지」 1. 환-히 8. 고히	「빛갈환히」 1. 환히 8. 홀히		1.《女性》4권 4호 2.『永郎詩選』 1) 제목 변경

제 목	1	2	3	4
「연」I[1]	「연」 9. 끊어갔더면 10. 압바 날어 찌찾어 11. 실낫 믿고 12. 어린 압바 피리를 불다	「연・I」 9. 끊어지든날 10. 아빠 부르고 울다 11. 실낫이 서러워 12. 아침저녁 나무밑에 울다		1, 2 同上 1) 영랑의 「연」은 두 작품이므로 I 을 붙인다.
五月	2. 푸르러졌다	2. 푸르러진다		1. 《文章》1권 6호 2. 『永郎詩選』
毒을 차고	4. 벗도 선뜻 6. 屢億千萬世代가 14. 깨끗한 마음 건지기 위히야	4. 선뜻 벗도 6. 億萬世代가 14. 외로운魂 건지기 위하여		1. 《文章》1권 10호 2. 同上
호젓한 노래	「호젓한 노래」	「내홋진노래」		1. 《女性》5권 6호 2. 同上 1) 제목 변경
春香[1]	(5聯 35行)[2] I 聯 ……… III 聯 ……… II 聯 ……… IV 聯 ……… V 聯 ………	(7聯 49行)[2] I 聯 II 聯 III 聯 IV 聯 V 聯 VI 聯 VII 聯		1. 《文章》2권 7호 2. 同上 1) 《文章》誌의 「春香」보다 『永郎詩選』에서는 두 개 연이 늘었고 각연도 재배열되고 있다. 2) 『永郎詩選』의 「春香」을 기준으로 《文章》의 「春香」을 대조.

제 목	1	2	3	4
집	8. 머난날 13. 은행닢이 　　나른 갑드니 22. 먼산판다 24. 저즈른 넷 　　일이 25. 하늘만히 　　아슬하다	8. 머언날 13. 하늘 날호 　　든 銀杏닢이 22. 한가하다 24. 저질러논 　　부끄러운 짓 25. 하늘처럼 　　아슨풀하다		1.《人文評論》 　　11호 2.『永郞詩選』
바다로 가자	(30行)¹⁾ 21. 맛이흔 28. 머리우엔	(6聯 30行) 21. 맛다은 28. 머리엔		1.《민중일보》 　　1947년 8월 7일 2. 同上 1)《민중일보》는 　聯구분을 안 하 　고 있다.
놓인 마음¹⁾	「놓인 마음」 9. 놓인마음	「땅검이」 9. 놓친마음		1.《新天地》3권 　　9호 2. 同上 1) 제목 변경
북	1. 치제 14. 치제	1. 잡지 14. 치지		1.《東亞日報》 　　1946년 12월 10일 2. 同上
연 Ⅱ¹⁾	「연」(12行) 7. 그 흰실낫 　　같은 10. 불다자는 　　바람 11. 타다 꺼진 　　불똥 12. 다	「연 Ⅱ」(11行) 7. 실낫같은 10. 불다자는 　　바람 타다 　　꺼진 불똥²⁾ 11. 다아		1.《白民》17호 2.『永郞詩選』 1)「연」이 두 편 　이므로 Ⅱ를 붙 　인다. 2)《白民》의「연」 　은 10・11행이 　한 행으로 되어 　『영랑시선』에 　수록.
忘却	2. 다아	2. 다		1.《新天地》4권

제 목	1	2	3	4
	15. 卑怯할소냐만은 16. 꼭 붙잡고 노칠 안느냐 19. 죽음이야	15. 卑怯할소냐 16. 꼭붙잡고 20. 죽엄이사		8호 2. 同上
발짓[1]	「발짓」[2] 　(7행)	「낮의 소란소리」 　(10行)		1.《民聲》5권 8호 2. 同上 1) 제목 변경 2) 「발짓」의 1·3·4행은 「낮의 소란소리」에서는 각기 2행으로 구분.
五月아츰	13. 몰핀냄새 14. 되지않소	13. 麝香냄새 14. 아니되오		1.《文藝》1권 2호 2. 同上
가야금[1]	「가야금」 　(4聯 10行) 北으로 北으로 울고간다 기러기 南邦의 대숲밑 뉘휘어 날쳤느뇨 앞서고 뒤섰다 어지럴리 없으나 간열픈 실오랙이 네목숨이 조매로아	「行軍」 　(5聯 10行) 北으로 北으로 울고간다 기러기 南邦대숲밑을 뉘휘여 날켯느뇨 낄르르 낄르 차운 어슨 달밤 언하눌 느끼지 못해 처량한 行軍 낄르! 간열프게 멀다 하눌은 목매인 소리도 낸다		1.《朝光》5권 1호 2.《民族文化》1권 1호 1) 제목 변경

□ 金永郎 年譜

1903년(1세) : 1월 16일(음력 1902년 12월 18일) 전남 강진군 강진읍 남성동〔塔골〕 211번지에서 김종호(金鍾湖)의 장남으로 태어나다. 본명은 김윤식(金允植).
1909년(7세) : 강진(康津) 보통 학교 입학.
1915년(13세) : 강진(康津) 보통 학교 졸업.
1916년(14세) : 16세의 김해(金海)김씨와 결혼. 모친의 도움으로 서울에 올라와 기독교 청년회관(基督敎靑年會館)에서 영어를 공부하다.
1917년(15세) : 휘문의숙(徽文義塾) 입학. 행인(杏仁) 이승만(李承萬)과 같은 반으로 친교를 맺음. 김영랑의 부인과 사별(死別)하다.
1919년(17세) : 기미(己未) 독립 운동이 일어남. 강진에 돌아와 학생 운동을 모의하다 일경(日警)에 체포되어 대구 형무소에서 복역하였다.
1920년(18세) : 일본에 건너가서 청산학원(靑山學院) 중학부에 입학. 박열(朴烈)과 같은 방에서 하숙. 용아(龍兒) 박용철(朴龍喆)과 친교를 맺기 시작하다.
1921년(19세) : 일시 귀국, 성악(聲樂) 공부를 하려다가 부친의 완강한 만류로 포기했다.
1922년(20세) : 일본 청산학원(靑山學院) 인문과에 진학, 영문학(英文學)을 전공.

1923년(21세): 관동 대진재(關東大震災)로 인해 학업 중단 귀국.
1924년(22세): 서울에 올라와 때마침 팽만되어 있는 신흥 사회주의(新興社會主義) 문사(文士)들과 친교를 맺고 무희(舞姬) 최승희(崔承喜)와도 알게 되어 교제하기도 하였다.
1925년(23세): 개성(開城) 호수돈 여고 출신의 김귀련(金貴蓮)과 재혼(再婚)하여 고향으로 돌아와 살게 되었다.
1927년(25세): 장녀 애로(愛露) 출생.
1928년(26세): 장남 현욱(炫郁) 출생.
1930년(28세): 박용철(朴龍喆)·정지용(鄭芝龍) 등과 함께 《시문학(詩文學)》지 간행. 「동백닙에 빗나는 마음」 등 30여 편을 발표했다.
1932년(30세): 차남 현국(炫國) 출생.
1934년(32세): 박용철(朴龍喆)이 주간한 《문학(文學)》지에 「모란이 피기까지는」과 「사행소곡(四行小曲)」 등의 시편을 발표했다.
1935년(33세): 시문학사(社)에서 첫시집 『영랑시집(永郞詩集)』을 박용철(朴龍喆)이 편집하여 간행했다. 3남 현철(炫撤) 출생.
1938년(36세): 4남 현태(炫邰) 출생.
1940년(38세): 5남 현도(炫道) 출생.
1944년(42세): 차녀(次女) 애란(愛蘭) 출생.
1945년(43세): 8·15해방이 되자 대한 독립 촉성회 단장을 역임하였다.
1948년(46세): 5·10 초대 민의원(民議院) 선거에 출마했다가 낙선했다. 가을에 가족과 함께 서울로 주거를 옮겼다.
1949년(47세): 공보처 출판국장(公報處 出版局長)으로 가을에 취임하여 그 이듬해 4월에 퇴직했다. 서정주(徐廷柱)가 편집한 『영랑시집(永郞詩集)』이 중앙문화사에서 간행되었다.
1950년(48세): 6·25사변이 발발되어, 미처 피란을 못 간 영랑은 서울에 은신해 있다가 서울 수복을 앞둔 양군의 공방전에서 날아온 포탄의 파편에 복부상을 입고 9월 29일 작고했다.

□ 金永郎 作品 年譜

1930년 : 「동백닙에 빗나는 마음」(시·《詩文學》 1호 3월), 「어덕에 바로 누어」(시·《詩文學》 1호 3월), 「누이의 마음아 나를 보아라」(시·《詩文學》 1호 3월), 「四行小曲 七首——뵈지도 안는 입김의·님두시고 가는 길의·문허진 성터에·저녁째 저녁째·풀우에 매저지는·푸른 향물 홀러버린·좁은 길가에」(시·《詩文學》 1호 3월), 「除夜」(시·《詩文學》 1호 3월), 「쓸쓸한 뫼아페」(시·《詩文學》 1호 3월), 「원망」(시·《詩文學》 1호 3월), 「내 마음 고요히 고흔 봄길우에」(시·《詩文學》 2호 5월), 「꿈바테 봄마음」(시·《詩文學》 2호 5월), 「四行小曲 五首——허리띡 매는 시악시·못오실 님이·다정히도 부러오는·향내업다고·어덕에 누어」(시·《詩文學》 2호 5월), 「가늘한 내음」(시·《詩文學》 2호 5월), 「하날가人 다은데」(시·《詩文學》 2호 5월), 「하늘의 옷감」(譯詩·예이츠 원작·《詩文學》 2호 5월), 「이니스프리」(譯詩·예이츠 원작·《詩文學》 2호 5월)

1931년 : 「내 마음 아실 이」(시·《詩文學》 3호 10월), 「四行小曲 五首——밤人사람 그립고야·눈물속 빗나는 보람과·뷘 포케트에 손찌르고·바람에 나붓기는 깔닙·뻴은 가슴을 훤히 벗고」(시·《詩文學》 3호 10월), 「시내人물 소리」(시·《詩文學》 3호 10월)

1934년 : 「四行小曲 六首——그밖에 더 아실이·밤이면 고총아래·저 곡조만 마조·山골을 노리터로·사랑은 기프기·빠른 철로에」(시·《文學》1호 1월), 「佛地庵抒情」(시·《문학》2호 2월), 「모란이 피기까지는」(시·《文學》3호 4월)
1935년 : 『永郎詩集』(揭載誌 未詳分·11월)
　　　　④ 뉘 눈결에 쏘이엿소(시)·⑥ 바람이 부는대로(시)·⑦ 눈물에 실려가면(시)·⑮ 숨향긔 숨길을(四行小曲)·⑲ 그 색시 서럽다(四行小曲)·㉓ 떠날러가는 마음의(四行小曲)·㉗ 미움이란 말속에(四行小曲)·㊱ 생각하면 붓그러운(四行小曲)·㊲ 왼몸을 감도는(四行小曲)·㊵ 그대는 호령도 하실만하다(시)·㊶ 아퍼누어 혼자 비노라(시)·㊼ 물보면 흐르고(시)·㊽ 降仙臺 돌바늘 끝에(시)·㊾ 사개틀닌 古風의 툇마루에(시)·㊿ 마당앞 맑은 새암을(시)·㊿¹ 황홀한 달빛(시)·㊿² 杜鵑(시)·㊿³ 淸明(시)

　　　　＊일련번호는 『永郎詩集』에 수록될 때 붙인 번호이다.
1938년 : 「감나무에 단풍드는 全南의 九月」(隨筆·《朝光》4권 9호 9월), 「가을」(시·《女性》3권 10호 10월)
1939년 : 「거문고」(시·《朝光》5권 1호 1월), 「가야금」(시·《朝光》5권 1호 1월), 「달마지」(시·《女性》4권 4호 4월), 「연」(시·《女性》4권 5호 5월), 「後記」(評文·『朴龍喆 全集』1권 5월), 「杜鵑과 종다리」(隨筆·《朝鮮日報》5월 20—21일字), 「五月」(시·《文章》1권 6호 7월), 「避署地 巡體」(設問答·《女性》4권 8호 8월), 「毒을 차고」(시·《文章》1권 10호 11월), 「墓碑銘」(시·《朝光》5권 12호 12월), 「人間 朴龍喆」(評文·《朝光》5권 12호 12월)
1940년 : 「春雪」(隨筆·《朝鮮日報》2월 23일), 「春水」(隨筆·《朝鮮日報》2월 24일), 「春心」(隨筆·《朝鮮日報》2월 27일),

「垂楊」(隨筆・《朝鮮日報》2월 28일), 「한줌 흙」(시・《朝光》 6권 3호 3월), 「江물」(시・《女性》 5권 4호 4월), 「芝溶兄」(書簡・《女性》 5권 5호 5월), 「호젓한 노래」(시・《女性》 5권 6호 6월), 「偶感」(시・《朝光》・6권 6호 6월), 「春香」(시・《文章》 2권 7호 7월), 「집」(시・《人文評論》 11호 8월)

1946년: 「북」(시・《東亞日報》 12월 10일)

1947년: 「熱望의 獨立과 冷徹한 現實」(時論・《민중일보》 6월 17일), 「바다로 가자」(시・《민중일보》 8월 7일)

1948년: 「한줌 흙」(시・《新天地》 3권 9호 10월), 「놓인 마음」(시・《新天地》 3권 9호 10월), 「새벽의 處刑場」(시・《東亞日報》 11월 14일), 「絶望」(시・《東亞日報》 11월 16일)

1949년: 「겨레의 새해」(시・《東亞日報》 1월 6일), 「연」(Ⅱ)(시・《白民》 17호 1월), 「나치 反抗의 노래──屠殺者의 군대를 떠나라!・히틀러에 對하는 獨逸兵士・兵士들이여 이제는 아무 希望도 없다」(譯詩・바이너트 원작・《新天地》 4권 3호 3월), 「制服없는 大學生」(時論・《海東公論》 49호 3월), 「忘却」(시・《新天地》 4권 8호 8월), 「발짓」(시・《民聲》 5권 8호 8월), 「感激 八・一五」(시・《서울신문》 8월 15일), 「五月 아츰」(시・《文藝》 1권 2호 9월), 「文學이 부업이라던 朴龍喆 兄」(故人新情・《民聲》 5권 10호 10월), 「出版文化 育成의 構想」(評文・《新天地》 4권 9호 10월), 「行軍」(시・《民族文化》 1권 1호 10월), 「수풀아래 작은 샘」(시・『永郎詩選』 11월), 「언─땅 한길」(시・『永郎詩選』 11월)

1950년: 「앞허누어」(시・《新思潮》 1권 1호 1월), 「池畔追憶」(시・《民族文化》 2호 2월), 「千里를 올라온다」(시・《白民》 21

　　　　　호 3월), 「어느날 어느때고」(시・《民聲》 6권 3호 3월),
　　　「新人에 對하여」(評文・《民聲》 6권 4호 4월), 「五月恨」
　　　(시・《新天地》 5권 6호 6월)
1958년 : 「朴龍喆과 나」(隨想・《自由文學》 3권 6호 6월), 「琴湖江」
　　　(시・金南石의 「詩精神論」)
　　　　＊이 두 편에서 「朴龍喆과 나」는 재록한 것이고, 「琴湖
　　　江」은 게재지나 그 연도를 확인할 수 없다.

□ 金永郎 研究資料 總目錄

鄭芝溶:「詩와 鑑賞」——永郎과 그의 詩」(《女性》, 1938년 9월)
朴鐘和:「言語의 美的 創造——詩人 永郎께—— 若言」(《서울신문》, 1949년 11월 15일)
徐廷柱:「永郎의 抒情詩」(《文藝》, 1950년 3월)
鄭泰榕:「現代詩人硏究(10, 金永郎論)」(《現代文學》 4권 6호, 1950년 6월, PP. 227~233)
李軒求:「金永郎 評傳——멋에 徹한 詩人——」(《自由文學》 창간호, 1956년 6월, PP. 148~152)
鄭泰榕:「金永郎論」(《現代文學》, 1958년 6월)
異河潤:「永郎과 나의 交友」(《自由文學》 3권 9호, 1958년 9월)
李軒求:「永郎의 追憶」(『永郎詩集』, 博英社, 4292년〔1959년〕)
白鐵(編):『韓國詩人全集』卷5 해설 (新丘文化社, 1959년 PP. 408~413)
金相一:「金永郎 또는 卑屈의 形而上學」(《現代文學》 8권 4호, 1962년 4월, PP. 69~78)
徐廷柱:「永郎의 일」(《現代文學》, 1962년 12월)
鄭漢模:「조밀한 抒精의 彈泰——金永郎論」(《文學春秋》, 1964년 12월)
宋永穆:「韓國詩 分析의 可能性——特히 金永郎 詩 分析을 中心으로——」(《現代文學》 12권 2호, 1966년 2월, PP. 107~126)
金恩典:「韓國技攷詩人論」(3, 김영랑의 음악성)」(全州敎大論文集 1

집, 1966년 2월, PP. 126~158)
李東柱:「金永郎」(《現代文學》, 1967년 3월호)
金宇正:「韓國詩人論(4, 金永郎論)」(《現代詩學》5호, 1969년 7월, PP. 94~98)
金宇正:「金永郎을 위한 노우트」(《現代詩學》1권 6호, 1969년 8월, PP. 92~95)
金容稷:「詩文學派研究」(西江大人文論集 2집, 1969년)
張萬榮:「모란이 피기까지는」(《月刊文學》3권 6호, 1970년 6월, PP. 199~202)
朴斗鎭:「金永郎의 詩」(『韓國現代詩論』一潮閣, 1970년 PP. 86~104)
金載弘:「韓國現代詩의 方法論的 研究——Metaphorical Approach——」(서울大 大學院論文, 1972년)
金海星:「金永郎論」(『韓國現代詩人論』, 進明文化社 1973년 1월, PP. 123~146)
李姓敎:「金永郎研究」(誠信女子師範大學 人文科學研究所 研究論文集 6집, 1973년 2월 15일)
金容誠:「金允植」(『韓國現代文學史探訪』, 國民書舘, 1973년)
鄭漢模:「네개의 作品 世界, 永郎·夕汀·怡山 및 金容浩의 詩」(《心象》7호, 1974년 5월, PP. 26~31)
金容稷:「南道가락의 純粹熱情, 金永郎의 詩語」(《文學思想》22호, 1974년 7월, PP. 286~295)
金相一:「永郎詩와 그 交換의 構造, 金永郎의 詩構造」(《文學思想》24호, 1974년 9월, PP. 293~299)
鄭漢模:「抒情主義의 한 極致, 金永郎의 詩文學史的 位置」(《文學思想》24호, 1974년 9월, PP. 300~306)
南亭嬡:「새 資料로 본 永郎의 世界」(《文學思想 24호, 1974년 9월,

PP. 307~314)

李明子 : 「새 調査, 永郎의 作品目錄」(《文學思想》 24호, 1974년 7월, PP. 315~316)

姜禹植 : 「金永郎의 四行詩――形態와 韻律을 中心으로――」(《心象》 제14호, 1974년 12월, PP. 22~26)

金允植 : 「永郎論의 行方」(《心象》 14호, 1974년 12월, PP. 13~21)

朴堯順 : 「永郎詩의 抒情」(《心象》 14호, 1974년 12월, PP. 32~36)

李姓教 : 「情緒의 極致, 詩의 行間에 대해서」(《心象》 14호, 1974년 12월, PP. 27~31)

오하근 : 「逆說의 美學――〈모란이 피기까지는〉의 韻律과 構造――」(《韓國語文學》 12집, 1974년 PP. 91~104)

鄭珣永 : 「金永郎論」(中央大 國語國文學會 語文論集, 1975년 2월, PP. 200~235)

金容誠 : 「永郎 金允植의 生涯」(『모란이 피기까지는』, 三中堂文庫 卷101, 1975년)

文德守 : 「金永郎 詩의 두 가지 樣相」(『모란이 피기까지는』, 三中堂文庫 卷101, 1975년)

金容稷 : 「純粹와 鄕土情調――金永郎論」(『轉形期의 韓國文藝批評』, 悅話堂, 1975년, PP. 80~93)

金龍雯 : 「金永郎詩硏究――『永郎詩集』을 中心으로」(三陟工專論文集 9집, 1976년 3월, PP. 7~30)

金海星 : 「永郎의 詩世界」(『韓國現代文學槪說』, 乙酉文庫 卷220, 1976년)

金興圭 : 「永郎의 詩와 世界認識」(《世界의 文學》, 1977년 가을)

金澤東 : 「永郎 金允植論」(『韓國現代詩人硏究』, 民音社, 1977년)

金南石 : 「金永郎――牧丹에 꽃핀 原色의 悲哀」(『韓國詩人論』, 瑞音出版社, 1977년, PP. 197~208)

文學思想資料調査室 : 永郎의 미정리 詩, 散文 17편(《文學思想》 70호, 1978년 7월)
金鍾哲 : 「金永郎과 金光均」(『詩와 歷史的 想像力』, 文學과 知性社, 1978년, PP. 16~24)
朴哲石 : 「金永郎論」(《現代詩學》, 1979년 12월, PP. 143~153)
曺秉春 : 「金允植의 詩」(『韓國現代詩史』, 集文堂, 1980년, PP. 193~197)
金興圭 : 「永郎의 詩와 世界認識」(『文學과 歷史的 人間』, 創作과 批評社, 1980년, PP. 38~74)
辛恩卿 : 「김영랑과 김광균 시를 통해 본 1930년대 시의 두 방향」(한국정신문화연구원, 한국학대학원 석사논문, 1982)
홍인표 : 「김영랑론 ; 그의 詩의 意味心象을 中心으로」(연세대 석사논문, 1982)
이해란 : 「金永郎 詩 研究 ; 형태적 特徵을 중심으로」(서울여자대 석사논문, 1982)
金善宏 : 「金永郎 詩 研究 ; 作品 構造와 그 變化 樣相을 중심으로」(영남대 석사논문, 1983)
김영랑 : 『김영랑 명시선 ; 찬란한 슬픔』(내마음의 시집)(서울, 어문각, 1985)
김영랑 : 『김영랑』(범우사루비아문고·115)(서울, 汎友社, 1985)
李崇源 : 「金永郎論」(《대전대어문학》 4, 1987. 2 PP. 51-67)
洪定基 : 「金永郎 詩 研究」(인하대 교육학 석사논문, 1985)
李永雨 : 「金永郎 詩의 指數的 特性 研究」(전남대 교육학 석사논문, 1986)
姜惠瑛 : 「詩語 研究 序說 ; 김영랑을 중심으로」(《漢城語文學》 6, 1987. 5 PP. 61-71)
鄭淑姫 : 「金永郎 文學 研究」(인하대 석사논문, 1987))

정상균 : 「김윤식·박용철론」(《문학한글》 3, 1989.12 PP.67-91)
曺槿鉉 : 「金永郎論」(조선대 석사논문, 1989)
양병호 : 「김영랑 시의 리듬 연구」(《韓國言語文學》 28, 1990.5 PP. 157-178)
李昇薰 : 「'모란이 피기까지는'의 시간적 구조 ; 김영랑의 '모란이 피기까지는'」(《문학과 비평》 14, 1990.6 PP.221-225)
김영랑 : 『김영랑 시집 ; 모란이 피기까지는』(한국현대시선·6)(서울, 東河, 1991)
김영랑 : 『김영랑』(世界名詩選集·6)(서울, 天友, 1991)

□ 편저자 주요 약력(김학동)

•

현재 서강대학교 교수
저서 『한국문학의 비교문학적 연구』
『한국 근대 시인 연구』, 『한국 현대 시인 연구』
『한국 개화기 시가 연구』
『한국 근대시의 비교문학적 연구』

韓國現代詩人研究 ③
김영랑

•

개정판 2쇄 발행일 2000년 5월 18일

•

편저자 · 김학동
펴낸이 · 김종해
펴낸곳 · 문학세계사

•

서울시 마포구 신수동 345 - 5(121 - 110)
전화 · 702 - 1800, 702 - 7031~3
팩시밀리 · 702 - 0084
홈페이지 · www.msp21.co.kr
E-mail:mail@munhaksegye.co.kr
출판등록 제21 - 108호(1979. 5. 16)

•

값 7,600원

•

ISBN 89 - 7075 - 034 - 7 03810
ⓒ문학세계사, 1993